47
53
58
58
62
69
70
84
86
101

£4-0
se

ALFRED SCHÜTZE · RAINER MARIA RILKE

ALFRED SCHÜTZE

RAINER MARIA RILKE

EIN WISSENDER DES HERZENS

VERLAG URACHHAUS STUTTGART

© Verlag Urachhaus Stuttgart 1975
Kurt von Wistinghausen und Walter Junge
1. Auflage 1938
2. Auflage 3.–6. Tausend 1975
Alle Rechte vorbehalten
Druck: Offizin Chr. Scheufele
ISBN 3 87838 193 x

INHALT

VIELLEICHT IST EINE ART PRIESTERTUM MIR AUFGETRAGEN,

VIELLEICHT IST ES MIR BESTIMMT,

MANCHMAL, DEN ANDEREN ENTFREMDET,

AUF EINEN MENSCHEN ZUZUTRETEN,

FEIERLICH, WIE AUS GOLDENEN TÜREN.

DOCH DANN WERDEN MICH IMMER NUR SOLCHE SEHEN,

DIE BEI GOLDENEN TÜREN WOHNEN...

(Briefe 1899-1902, S. 369)

EINLEITUNG

Ein Künstler pflegt seine Anschauungen und Ahnungen über die höchsten Menschheitsfragen selten innerhalb eines bestimmten philosophischen Systems auszusprechen. Ebenso wie es unangemessen wäre, ihm dies zum Vorwurf zu machen, hieße es, dem künstlerisch Schaffenden Gewalt antun, wenn wir seine gelegentlichen Aussprüche über die »letzten Dinge« in ein starres Weltanschauungsgebäude pressen wollten. Damit ist aber nicht gesagt, daß ein Künstler keine feste und erkenntnismäßig zu begründende Weltanschauung zu haben brauche oder gar haben dürfe. Manche Zeitgenossen sind freilich der Meinung, daß es ganz unwesentlich sei, was ein Künstler *denkt*, und schätzen oder fordern die »Unbewußtheit« allen künstlerischen Schaffens: Glaubt ein solcher Kunstbetrachter eine bestimmte weltanschauliche Note in einem Kunstwerke zu finden, so geißelt er das womöglich als »tendenziös«. Wir wollen hier nicht jenen billigen Machwerken das Wort reden, mit denen fanatische Apostel irgendeine Weltanschauung vertreten, der sie das dürftige Gewand einer an Kunst erinnernden Verkleidung geben. Wer aber wollte bestreiten, daß bei Goethe, Schiller, Ibsen, Maeterlinck – um nur einige charakteristische Persönlichkeiten zu nennen – die besondere Form und Struktur ihres künstlerischen Schaffens auf eine ganz bestimmte, scharf umrissene Weltanschauung zurückzuführen ist?

In gleich hohem Maße wie bei den angeführten Dichtern finden wir eine solche klar umschriebene Weltanschauung bei Rilke nicht. Das schließt nicht aus, daß wir doch gewisse einzelne, deutlich erkennbare Züge eines weltanschaulichen Wollens bei ihm unterscheiden können. Diese herauszuarbeiten ist nicht nur erlaubt, sondern notwendig, wenn wir, über ein bloßes Genießen hinausgehend, den Dichter innerhalb des geistigen Lebens seiner Zeit verstehen wollen.

Rilke hat, wie viele seiner Zeitgenossen, zunächst eine tiefe Scheu davor gehabt, das Geistig-Ewige *gedanklich* fassen zu wollen. Gedanken und Begriffe schienen ihm ein untaugliches Werkzeug zum Begreifen des Übersinnlichen zu sein. Er glaubte sich in die unausschöpflichen Tiefen des Gefühls zurückziehen zu müssen, um das Göttliche nicht zu verlieren. So lebt er die ganze Tragik eines Zeitalters mit, das eine entgeistige Intellektualität vorfindet und nicht den Mut aufbringen kann, an eine Höherbildung und Vergöttlichung des Denkens zu glauben. Die ganze Resignation unseres Zeitalters gegenüber dem Denken lebt in Rilke. Begriffe und Gedanken erscheinen ihm als etwas Lebensfremdes und Abgezogenes, in denen die volle Daseinswirkung nicht mehr vorhanden ist. Die Begriffe gehören seinem Gefühl nach einer schemenhaften Gespensterwelt an, die neben und außerhalb des vollsaftigen Lebens steht, einer unwirklichen Scheinwelt ohne Kraft und Vollmacht. Rilke teilt mit vielen Gegenwartsmenschen das tiefe Mißtrauen gegenüber einer Fähigkeit, die sich zu oft in blassen und falschen Theorien bloßgestellt hat, als daß man noch an ihren Wert zur Wahrheits- und Wirklichkeitserfassung glauben könnte.

So siedelt er sich in den weniger grellen, geheimnisumwobenen Bezirken des Gefühls an, um noch in den vollen Lebensstrom eintauchen zu können. Als Dichter will er zwischen und hinter Worten und Gedanken in Bildern das eigentliche wahre Dasein fühlen lassen. Hier aber beginnt ein Prozeß, den er selber vielleicht nicht voll durchschaut hat. Alle Kultivierung und Sublimierung des Gefühls, die Rilke bis zu einer ungeahnten Höhe getrieben hat, führt notwendig zu einer Durchlichtung und Bewußtwerdung innerhalb des Gedanklichen. So läßt sich verfolgen, wie er im Laufe der Jahre immer mehr und mehr zu einer Auskristallisierung von gedanklich erfaßbarer Geistigkeit gelangt. Das Wahrheitselement seiner Dichtung ist so stark, daß es zu einer Sprengung des bloß gefühlsmäßig Erfahrbaren drängt.

Es ist überaus interessant zu sehen, wie Rilke in späteren Jahren selber die Notwendigkeit einer gedanklichen Unterbauung seiner Dichtung fühlt. So hat er wiederholt bei Vorlesungen von Dichtungen in einer für die Anwesenden oft überraschend präzisen und klar erkenntnismäßigen Form Erläuterungen vorangeschickt.

In erster Linie aber sind für uns seine *Briefe* eine Fundgrube für die erkenntnismäßige Durchdringung seines Gesamtwerkes. In ihnen spricht der Dichter die weltanschauliche Note seines Wollens, die innerhalb des Dichterischen oft verhüllt auftritt und womöglich die verschiedenste Deutung zuläßt, klar und unmißverständlich aus.

Rilkes religiös-geistige Haltung weist über alles Konfessionell-Religiöse ebensoweit hinaus wie über jene Art von ästhetisierender Religiosität, die allerdings in seinen Werken auch vorhanden ist und in so merkwürdiger Weise Schule gemacht hat. Diese Seite der Religiosität Rilkes, die raschen Anklang gefunden hat, weil sie einer vorhandenen Zeitstimmung entgegenkam, ist die äußere Schale für ein tieferliegendes ernsthaftes Element echter Spiritualität. Heute besteht die Gefahr, daß das bloß Ästhetische in Rilkes religiöser Dichtung jenen ernsten Geist-Gehalt seines Werkes verdunkelt. Die vorliegende Schrift möchte nun diese tiefere Seite der Rilkeschen Geistigkeit in das Bewußtsein derer rücken, die ihn lieben und verehren. Dabei sollen nur einige wenige, besonders markante Züge seines weltanschaulichen Strebens nach Erfüllung mit echter Spiritualität dargestellt werden.

DAS WORT

»Denn das Wort muß Mensch werden.
Das ist das Geheimnis der Welt!«

Goethe hat in jener Szene des »Faust«, in der sich dieser an die Übersetzung des Johannes-Evangeliums wagt, in einer bedeutsamen Weise
das Verhältnis des Menschen zum Wort charakterisiert:

> »Geschrieben steht: Im Anfang war das *Wort!*
> Hier stock ich schon! Wer hilft mir weiter fort?
> Ich kann das Wort so hoch unmöglich schätzen,
> Ich muß es anders übersetzen,
> Wenn ich vom Geiste recht erleuchtet bin.
> Geschrieben steht: Im Anfang war der *Sinn.*
> Bedenke wohl die erste Zeile,
> Daß deine Feder sich nicht übereile!
> Ist es der Sinn, der alles wirkt und schafft?
> Es sollte stehn: Im Anfang war die Kraft!
> Doch, auch indem ich dieses niederschreibe,
> Schon warnt mich was, daß ich dabei nicht bleibe.
> Mir hilft der Geist! Auf einmal seh ich Rat
> Und schreibe getrost: Im Anfang war die *Tat!«*

Man hat in diesen Versen Goethes eigene Stellung zum Worte sehen
wollen, wie man ja häufig genug in naiver Weise die Faustgestalt mit
Goethe zu identifizieren pflegt. Obendrein kommt die Zeitmeinung
über das Wesen des Wortes dieser Deutung engegen, so daß man keinen Anstand nahm, auch in den obigen Sätzen der Faust-Dichtung ein
Stück jener Konfession zu sehen, wie sie im Ganzen genommen tatsächlich in seinen Werken niedergelegt ist. Man vergißt bei solcher Aus-
legung nur, daß Goethe im »Faust« einen menschlichen Entwicklungs-

gang darstellt, der ja auch durch zahllose Irrtümer und Tiefen führt. Wenn man sich daraufhin die künstlerische Komposition der obigen Szene genauer ansieht, wird man gewahr, wie die Szene ihre innere dramatische Spannung durch die Anwesenheit des Pudels bekommt, in dem Mephisto verborgen ist. Kann man durch die Sprache der Komposition eindeutiger klarmachen, welchen Akzent das geschilderte Geschehen haben soll? Der Geist des Mephisto ist es, der den Faust bei seiner Übersetzung berät und inspiriert. Der Pudel knurrt während der ganzen Zeit hinter dem Ofen! Diese dramatische Anordnung des Ganzen läßt den Zuschauer fühlen – was Faust nicht weiß –, daß Mephisto es ist, der auf die Frage: »Wer hilft mir weiter fort?« sich zum eilfertigsten Inspirator macht. Und nachdem der Pudel sich in den fahrenden Schüler verwandelt hat, antwortet dieser auf Faustens Frage nach seinem Namen, in ironischer Weise auf die Übersetzungsszene anspielend: »Die Frage scheint mir klein für einen, der das Wort so sehr verachtet!«

Die Verachtung des Wortes, die Faust durch seine verschiedenen Übersetzungen bekundet, beruht auf einer Einflüsterung des Teufels. Er sagt: »Ich kann das Wort so hoch unmöglich schätzen«, und übersetzt darum den im Original stehenden Begriff »Logos«, immer mehr an Niveau verlierend, mit Sinn, Kraft und Tat. In dieser Stufenfolge werden die Begriffe ihrem geistigen Inhalt nach immer ärmer und dürftiger. Einer heute üblichen Auffassung wird das allerdings womöglich umgekehrt erscheinen. Sie würde in dieser Reihenfolge eine deutliche Steigerung zu sehen vermeinen: Vom bloßen Reden (Wort) geht es über den abstrakten Gedanken (Sinn) vorwärtsschreitend zu Kraft und männlichem Wirken und Schaffen (Tat).

Wer in der Betrachtung über Wort-Sinn-Kraft-Tat nur an den Menschen und womöglich an den heutigen, geistig entwurzelten Menschen denkt, der nur die äußere Sinnenwelt als Wirklichkeit anerkennt, kann allerdings nur in der angeführten Weise urteilen. Er vergißt dabei freilich, daß im Prolog des Johannes-Evangeliums vom Urbeginne des Weltgeschehens gesprochen wird, der vor der Schöpfung, ja vor aller Zeit liegt. Das Wort, das hier gemeint ist, ist nicht Menschenwort, sondern das schaffende Geistwort Gottes, in dem alle spätere Schöpfung latent schon enthalten ist. Dieser göttliche Logos ist Gott selbst, oder im Sinne Fichtes gesprochen: das *Dasein* Gottes, das mit seinem inneren, verborgenen *Sein* unabtrennlich verbunden und eins ist; in der Sprache der Theologie ausgedrückt: der göttliche Sohn, der mit dem Vater wesenseinig ist. Tritt dieses göttliche Wort für ein denkendes Wesen in die Erscheinung, so offenbart es sich als Vernunft oder Weisheit. Hier haben wir die Stufe, auf der das Wort als *Sinn* aufgefaßt werden kann. Gehen wir eine Stufe weiter hinunter, so kommen wir aus dem Gebiet der vernunftbegabten Wesen in das des bloß Lebendigen. Hier manifestiert sich die göttliche Weisheit als Kraft. Schließlich kann die göttliche Kraft im Bereich des Sinnlich-Materiellen als Tat erscheinen. Man könnte auch sagen: Es ist der Weg der Fleischwerdung des Wortes. Am Anfang steht das Wort – am Ende die Tat. Das Wort ist Sinn, Kraft und Tat zugleich – und noch mehr! Die Übersetzungen Fausts stellen also einen Abstieg dar*. Der Weg zum Wort über Sinn und Kraft zur Tat ist der Weg, auf dem die Mächte, die Goethe in der Gestalt des Mephisto darstellt, den Menschen aus göttlichen Geisteshöhen in das Irdisch-Sichtbare hinabzuführen suchen. In diesem Sinne ist Mephisto der Inspirator des Faust beim Übersetzen des Johannes-Prologs.

Wenn die obigen Ausführungen über den Logos auch nicht unmittelbar auf das menschliche Wort angewendet werden dürfen, so liegt doch ein bedeutungsvolles Geheimnis in der Tatsache, daß man den Begriff über das Erzeugnis menschlicher Sprachfähigkeit zur Kennzeichnung des Göttlichen glaubte verwenden zu dürfen. Hier offenbart sich die instinktive Weisheit der frühgriechischen Philosophie, der ja der Logos-Begriff als Name für das göttliche Schöpferwesen entstammt. Denn im menschlichen Wort liegen die Keimkräfte zu einer Schöpferfähigkeit, die weit über das bloß Dichterische hinausgeht. Diese Größe und Heiligkeit des Wortes wird freilich heute kaum geahnt.

Es ist bezeichnend für unsere Zeit, daß sie in der Mehrzahl ihrer Vertreter sich gern mit Faust identifiziert, wenn er sagt: »Ich kann das Wort so hoch unmöglich schätzen.« Das Wort gilt heute als mehr oder

* Darauf hat, unseres Wissens, als erster Rudolf Steiner hingewiesen.

weniger bequeme Scheidemünze, die man ausgibt und einnimmt, um sich gegenseitig zu verständigen. Es ist zum Vehikel des Begriffs geworden, das man freilich nicht entbehren kann. Einen göttlichen, schöpferischen Eigenwert wird man ihm jedoch kaum zugestehen.

Wie aber könnte jemand ein Dichter sein, der nicht an die schöpferische Macht des Wortes glaubt, der nicht, seine Göttlichkeit ahnend, demütig sich zum Diener des Wortes macht! Darum kennzeichnet den Dichter die Achtung vor dem Wort. Rainer Maria Rilke darf mit vollem Recht ein Diener des Wortes genannt werden, denn in ihm lebte, wie wohl nur in wenigen Dichtern dieses Jahrhunderts, eine höchste Verantwortung und Ehrfurcht vor dem Wort.

Freilich mußte der junge Rilke erst durch innere Wandlungen hindurchgehen, ehe er die volle Bedeutung seines Auftrages bewußt ergreifen konnte. Selbst die Versuchung, wie Faust das Wort zu unterschätzen, blieb ihm nicht erspart. In den »Dramaturgischen Blättern«, einer Beilage zum »Magazin für Literatur«, schrieb der 23 jährige Rilke in einer Antwort auf einen Beitrag über die Berechtigung des Monologs im Drama: »...Man wird einmal aufhören müssen, ›das Wort‹ zu überschätzen. Man wird einsehen lernen, daß es nur eine von den vielen Brücken ist, die das Eiland unserer Seele mit dem großen Kontinent des gemeinsamen Lebens verbinden, die breiteste vielleicht, aber keineswegs die feinste. Man wird fühlen, daß wir in Worten nie ganz aufrichtig sein können, weil sie viel zu grobe Zangen sind, welche an die zartesten Räder in dem großen Werk gar nicht rühren können, ohne sie nicht gleich zu erdrücken. Man wird es deshalb aufgeben, von Worten Aufschlüsse über die Seele zu erwarten, weil man es nicht liebt, bei seinem Knecht in die Schule zu gehen, um Gott zu erkennen ...«

Für den Freund menschlicher Schicksalszusammenhänge ist es nicht ohne Reiz, die Antwort des damaligen Herausgebers des »Magazin für Literatur«, Rudolf Steiners, darauf zu lesen: »Es scheint mir nämlich, als hätte es einen Künstler gegeben, der Rilkes Worte unterschrieben hätte: ›Aber es gibt etwas Mächtigeres als Taten und Worte.‹ *Diesem Leben* Raum und Recht zu schaffen, scheint mir die vorzügliche Aufgabe des modernen Dramas zu sein.‹ Dieser Künstler ist Richard Wagner. Und er hat das von Rilke aufgeworfene Problem in einer ganz bestimmten Weise zu lösen gesucht. Er meint, daß dasjenige, was von *diesem Leben* in Worten nicht ausdrückbar ist, die Sprache der *Musik* suchen muß. Der Verfasser des obigen Aufsatzes dagegen läßt die Frage, die er aufwirft, unbeantwortet. Ich glaube aber auch noch, daß er die Ausdrucksfähigkeit des *Wortes* unterschätzt. Im Grunde läßt das Wort noch mehr ahnen, als es klar und deutlich zum Ausdruck bringt. Und wenn man sich an diesen tieferen, durch Ahnung zu erreichenden Sinn des Wortes hält, dann kann es – nach meiner Meinung – bis zu den verborgensten Tiefen des Seelenlebens hinweisen. Man darf es dem Worte nicht zum Vorwurf machen, daß es von den meisten Menschen nicht tief genug genommen wird. Es ist nicht eigentlich selbst eine grobe Zange, sondern eine feine Zange, die zumeist von groben Händen gehandhabt wird. Rilke scheint mir einer von den Kritikern des Wortes zu sein, die dem Worte zurechnen, was eigentlich den – Ohren der Hörenden abgeht.«

Rilke hat darauf in seiner Gegenantwort u. a. geschrieben: »Ihre Bemerkungen zu ›der Wert des Monologs‹ sind treffend. Sie beschäftigen mich. . . . Es scheint, als ob ich dem ›Worte‹ arg unrecht getan hätte. Man darf nicht vergessen: Ich habe nicht an jene einsamen Worte gedacht, in welche gehüllt, große Vergangenheiten unter uns leben, wie Zeitgenossen. Das Wort des Verkehrs, das heimtägliche, bewegliche habe ich beobachtet, das im Leben wirkt oder doch zu wirken scheint . . . An dieses Wort denke ich, wenn ich behaupte, die Seele hätte nicht Raum in ihm. Ja, es scheint mir geradezu, als wären Worte solcher Art vor dem Menschen wie Mauern. . . .

Jedes Wort ist eine Frage, und das, welches sich als Antwort fühlt, erst recht. Und in diesem Sinn ist Ihre Bemerkung richtig, daß die Worte, unvermögend Offenbarungen zu geben, vieles ahnen lassen. Es steht also bei jedem, ein Wort weit oder eng, reich oder armselig zu fühlen. . . .

Aber ist damit von der Bühne her, einer vielsinnigen Menge gegenüber etwas, oder sagen wir gleich – das, worauf es ankommt, nämlich die einheitliche Wirkung erreicht? – Und dann mit dem ›Ahnen‹ überhaupt: war das nicht eine arme und verlassene Welt, welche Gott *ahnte* hinter den Dingen? War das nicht ein müßiger Gott, ein Gott mit den Händen im Schoß, der so genügsam war, sich *ahnen* zu lassen? Heißt es nicht vielmehr: ihn finden, ihn erkennen, ihn tief in sich selbst schaffend, wie mitten in der Werkstatt überraschen, um ihn zu besitzen? So glaube ich auch, daß wir uns nicht begnügen dürfen, das hinter den Worten zu ahnen. Es muß uns irgendwann sich offenbaren. . . .

Den Raum über und neben den Worten auf der Bühne will ich für die Dinge im weitesten Sinn. . . . Raum will ich für alles, was mit teilnimmt an unseren Tagen und was, von Kindheit auf, an uns rührt und uns bestimmt. Es hat ebensoviel Anteil an uns als die Worte. Als ob im Personenverzeichnis stünde: ein Schrank, ein Glas, ein Klang und das viel Feinere und Leisere auch. Im Leben hat alles denselben Wert, und ein Ding ist nicht schlechter als ein Wort oder ein Duft oder ein Traum. Diese Gerechtigkeit muß auch auf der Bühne nach und nach Gesetz werden. Mag sein, daß das Leben eine Weile lang in den Worten treibt wie der Fluß im Bett; wo es frei und mächtig wird, breitet es sich über alles; und keiner kann sein Ufer schauen . . .«

Man kann solche Sätze nicht ohne Anteilnahme lesen, wenn man bedenkt, daß der, der sie niederschrieb, später zu einem der größten Wort-Gestalter geworden ist. Wir wissen nicht, ob diese kurze Begegnung Rilkes mit Rudolf Steiner nicht noch einen tieferen Eindruck auf den jungen Dichter gemacht hat, als die obige Aussprache vermuten läßt. Jedenfalls hat Rilke in den folgenden Jahren, die ersten unbedeutenden dichterischen Anfangsversuche hinter sich lassend, immer mehr eine solche Steigerung der sprachbildenden Kraft erreicht, daß seine Worte in hohem Maße Aufschlüsse über die verborgensten Tiefen der Seele geben konnten, wie er selber es vom Wort nicht glaubte erwarten zu dürfen.

In einem seiner Erstlingswerke (Mir zur Feier) sagt er noch:

> »Die Worte sind nur die Mauern,
> dahinter in immer blauern
> Bergen schimmert ihr Sinn.«

Diese Mauern zu durchbrechen und das Wort zu einem gültigen Gefäß des Geistes zu machen, es von den ihm durch eine entgeistigte

Menschheit auferlegten Fesseln bloßer Konvention zu befreien, sollte ihm immer besser gelingen. Am Anfang seines Weges sieht er vor allem, wie überall das Heilige des Wortes mißbraucht und entwertet wird:

>Ich fürchte mich so vor der Menschen Wort.
Sie sprechen alles so deutlich aus:
und dieses heißt Hund und jenes heißt Haus,
und hier ist Beginn und das Ende ist dort.«

Wenn man so das Wort nur als Hülse für einen Begriff nimmt, dann kann man von ihm allerdings nicht »Aufschlüsse über die Seele« erwarten, dann bleibt es eine grobe Zange, die die feinen Räder des großen Werkes zerbrechen muß. Aber Rilke fühlt damals schon deutlich, daß es die Mission des Dichters ist, das vergewaltigte Wort zu befreien:

>Die armen Worte, die im Alltag darben,
die zagen, blassen Worte lieb ich so,
aus meinen Festen schenk ich ihnen Farben,
da lächeln sie und werden langsam froh.
Sie wärmen sich die weißen Winterwangen
am Wunder, welches ihrem Weh geschieht;
sie sind noch niemals im Gesang gegangen
und schaudernd schreiten sie in meinem Lied.«

Und nun folgt eine unausgesetzte stille Arbeit an der Sprache, um sie zum gehorsamen Werkzeug des Geistes zu bilden.
In Paris beschäftigt er sich beispielsweise mit dem großen deutschen Wörterbuch von Grimm, um seinen eigenen Wortschatz zu vermehren, weil ihm der Zufallsvorrat zu gering erscheint. In strengster Zucht bemüht er sich, manchem Menschlichen entsagend, die geheimen Gesetze und Bedingungen seiner Kunst zu erfüllen. Er fühlt sich verpflichtet, die Wortkraft nicht unnütz zu vergeuden, um sie in der Stunde der Begnadung für sein Werk gesammelt gegenwärtig zu haben.
Auch das vortrefflichste Gespräch erscheint ihm manchmal wie eine Ausschweifung. Es hinterläßt ihm ein schuldvolles Gefühl wie nach

einem Gelage. Er leidet darunter, daß viele seiner Freunde auch außerhalb der Arbeit Erwartungen an ihn stellen, die nur zu erfüllen seien, wenn er die aufzuwendende Kraft seinem Werke entzöge. Solches Sich-Verausgaben betrachtet er als Sünde: »Im Grunde muß man sich vor seinen besten Worten zuschließen und in die Einsamkeit gehen. Denn das Wort muß Mensch werden. Das ist das Geheimnis der Welt!...«

(*Briefe 1902-1906, S. 203*)

Wie das Wort Mensch werden kann, welche Wege der Dichter zu gehen hat, um es in sich zu Leib und Blut werden zu lassen, das hat Rilke in schöner Weise in den »Aufzeichnungen des Malte Laurids Brigge« geschildert:

»Ach, aber mit Versen ist so wenig getan, wenn man sie früh schreibt. Man sollte warten damit und Sinn und Süßigkeit sammeln sein ganzes Leben lang und ein langes womöglich, und dann, ganz zum Schluß, vielleicht könnte man dann zehn Zeilen schreiben, die gut sind. Denn Verse sind nicht, wie die Leute meinen, Gefühle (die hat man früh genug), – es sind Erfahrungen. Um eines Verses willen muß man viele Städte sehen, Menschen und Dinge, wie die Vögel fliegen, und die Gebärde wissen, mit welcher die kleinen Blumen sich auftun am Morgen. Man muß zurückdenken können an Wege, in unbekannten Gegenden, an unerwartete Begegnungen und an Abschiede, die man lange sah... an Tage in stillen, verhaltenen Stuben und an Morgen am Meer, an das Meer überhaupt, an Meere, an Reisenächte, die hoch dahinrauschten und mit allen Sternen flogen, – und es ist noch nicht genug, wenn man an alles das denken darf. ... Aber auch bei Sterbenden muß man gewesen sein, muß bei Toten gesessen haben. ... Und es genügt auch noch nicht, daß man Erinnerungen hat. Man muß sie vergessen können, wenn es viele sind, und man muß die große Geduld haben, zu warten, daß sie wiederkommen. Denn die Erinnerungen selbst sind es noch nicht. Erst wenn sie Blut werden in uns, Blick und Gebärde, namenlos und nicht mehr zu unterscheiden von uns selbst, erst dann kann es geschehen, daß in einer sehr seltenen Stunde das erste Wort eines Verses aufsteht in ihrer Mitte und aus ihnen ausgeht.«

Wer so das Wort in sich erbildet und zum Reifen bringt, darf mit vollem Recht sagen, daß »jedes Wort, jeder Wortzwischenraum mit Notwendigkeit entstanden« sei, daß seine Arbeit sich unter dem Bewußtsein einer Verantwortlichkeit vollzieht, die für ihn ein ständiges Gericht sei. Von hier sei die harte Sachlichkeit und Ungefühlsmäßigkeit der »Neuen Gedichte« zu verstehen. Vielleicht habe sie ihren Grund in gewissen Mängeln seiner Natur oder nachzuholenden Versäumnissen seiner Entwicklung, aber er müsse sich trotzdem dazu bekennen, da er keine gefälligeren Wege gehen dürfe, um sich treu zu bleiben.

Wir ahnen wohl kaum, welche Kämpfe der Dichter durchleiden mußte, wie bitter und schwer zu ertragen jene Zeiten gewesen sein mögen, wo die inneren Stimmen schwiegen. In solchen Stunden erscheint es ihm doppelt unerträglich, mit dem Schreiben Geld verdienen zu wollen. Allein das Bewußtsein, daß zwischen seinem Schaffen und den Notwendigkeiten des Alltags eine Beziehung besteht, genügt, um ihm die dichterische Arbeit unmöglich zu machen. Er will auf das Klingen in aller Stille warten und nicht drängen, auch wenn es schwer zu ertragen ist, daß es so selten kommt: »mir gebührt nur, geduldig zu sein und meine Tiefen gläubig zu ertragen, die, wenn sie verschlossen sind, wie ein schwerer Stein sind . . .«

(Briefe 1902-1906, S. 61)

Zu den Dichtungen eines jungen Menschen, die ihm zur Beurteilung vorgelegt werden, sagt er, vielleicht auch im Hinblick auf seine eigene jugendliche Produktion, die er später mit aller Entschiedenheit aus seinen Werken ausgeschlossen wissen wollte, daß das, was man mit einundzwanzig Jahren schreibt, nur ein Schrei ist. Die Sprache sei noch zu dünn in diesen Jahren. Sie müsse voller, dichter und schwerer werden. Dazu sei freilich nötig, daß die Kraft unablässig zunehme und schließlich wie unter dem Druck unzähliger Atmosphären austrete. Talent hat nach Rilkes Ansicht heute kaum noch einen Wert, weil die Geschicklichkeit im Ausdruck allgemein geworden sei, Bedeutung hat nur noch das Höchste und Äußerste, das Unübertreffliche.

Die außergewöhnliche Verantwortlichkeit und Bescheidenheit Rilkes der Dichtung gegenüber hat Hans Carossa in »Führung und Geleit«

in schönster Weise gekennzeichnet: ». . . Rilke sprach von der Dichtung immer nur wie von einem Handwerk, als wäre die Bemühung alles, die Eingebung nichts. Gewiß war es zum Teil ein Ausdruck seiner Güte, seiner adligen Höflichkeit, wenn er so tat, als setzte er bei dem Zuhörer eine Musik des Innern gleich der seinigen voraus; aber man spürte doch bald, wie sehr es ihm ernst war, wenn er sein Schaffen immer nur als eine Arbeit gelten ließ, und von den Gewächsen der Sprache so demütig redete, wie Cézanne von dem Vorgang des Malens gesprochen haben mag. . . . Wie frei, wie festlich klang in seinem Munde auch dieses erdenschwere Wort ›Arbeit‹!«

Man könnte viele Stellen aus Rilkes Briefen anführen, die immer wieder das bestätigen, was Carossa aus persönlichen Erinnerungen weiß. So heißt es in einem Briefe:

». . . In einem Gedicht, das mir gelingt, ist viel mehr Wirklichkeit, als in jeder Beziehung oder Zuneigung, die ich fühle. Wo ich schaffe, bin ich wahr, und möchte die Kraft finden, mein Leben ganz auf die Wahrheit zu gründen, auf diese unendliche Einfachheit und Freude, die mir manchmal gegeben ist. Schon als ich zu Rodin ging, suchte ich das, denn ahnungsvoll wußte ich seit Jahren von seines Werkes unendlichem Beispiel und Vorbild. Nun da ich von ihm kam, weiß ich, daß auch ich keine anderen Verwirklichungen verlangen und suchen dürfte als die meines Werkes . . . Aber wie soll ich es anfangen, diesen Weg zu gehen – wo ist das Handwerk meiner Kunst, ihre tiefste und geringste Stelle, an der ich beginnen dürfte, tüchtig zu sein? Ich will jeden Rückweg gehen bis zu jenem Anfang hin, und alles, was ich gemacht habe, soll nichts gewesen sein, geringer denn das Fegen einer Schwelle, zu der der nächste Gast wieder die Spur des Weges trägt. Ich habe Geduld für Jahrhunderte in mir und will leben, als wäre meine Zeit sehr groß. Ich will mich sammeln aus allen Zerstreuungen, und aus den zu schnellen Anwendungen will ich das Meine zurückholen und aufsparen . . .«

(Briefe 1902-1906, S. 115)

Rodin ist ihm das große Vorbild für die Arbeit: »Il faut travailler toujours . . . Neulich, Sonnabend, sagte er das, und wie er das sagte, so

tief überzeugt, so schlicht, so aus der Arbeit heraus, – es war nur wie
ein Geräusch und ein Rühren seiner Hände.«

(Briefe 1902-1906, S. 43)

Immer wieder kommt er auf das Wort »Handwerk« zurück und keines
könnte wohl besser die ungeheure Selbstdisziplin und Bescheidenheit
eines Dichters charakterisieren, dem so gewaltige Inspirationen zuteil
geworden sind.
»Liegt das Handwerk vielleicht in der Sprache selbst, in einem besseren
Erkennen ihres inneren Lebens und Wollens, ihrer Entwicklung und
Vergangenheit? Das große Grimmsche Wörterbuch, welches ich einmal
in Paris sah, brachte mich auf diese Möglichkeit . . .«

(Briefe 1902-1906, S. 120)

Mit der gleichen Unerbittlichkeit und Unbestechlichkeit, die er ein
Leben lang gegen sich selbst angewandt hat, darf der gereifte Dichter
auch andere auf die strengen Voraussetzungen der Dichtkunst hinweisen. Mit fast goethisch anmutender Überlegenheit und Sicherheit, die
aus dem eigenen Können erwachsen sind, schreibt er einem Arbeiter,
der ihm seine Gedichte sandte: »Ich weiß nicht, welches métier Sie er-
lernt haben –, aber als Arbeiter muß Ihnen immerhin die Erfahrung
eines gewissen Könnens innewohnen, und die Freude am Gut-machen
einer Sache kann Ihnen nicht so ganz fremd geblieben sein. Wenn Sie
einen Augenblick von diesem guten, verläßlichen Boden aus auf das
Gewoge Ihrer schriftlichen Leistungen hinausblicken, so wird Ihnen
nicht entgehen, wie sehr dort der Zufall mit Ihnen spielt und wie wenig
Sie sich erzogen haben, die Feder als das zu gebrauchen, was sie vor
allem ist: als ein redliches, genau beherrschtes und verantwortetes
Werkzeug. Sie werden es gewiß nicht unfreundlich finden, wenn ich
die Aufrichtigkeit der Zuwendung, die Sie mir erweisen wollten, in
gleicher Weise – nämlich aufrichtig – beantworte.«

(Briefe 1921-1926, S. 20)

Rilke hat unsäglich darunter gelitten, daß seine eigene künstlerische
Produktion für viele Jahre fast völlig aussetzte. Zwar meint er, daß er

im Stile des Stundenbuches, dessen Verse ihm leichthin zugeflossen sind, noch lange hätte fortfahren können. Diese Art des dichterischen Schaffens versagt er sich jedoch und folgt den höheren Anforderungen, die er sich stellt, selbst um den Preis, für längere Zeit verstummen zu müssen. Es ist ergreifend, jene Worte zu lesen, die er wenige Monate vor dem Zeitpunkt schreibt, da ihm sein Hauptwerk, die »Duineser Elegien« zusammen mit den »Sonetten an Orpheus« zu gestalten vergönnt ist. Welch Gehorsam gegenüber dem inneren Auftrag, welch tiefes Vertrauen! »Andererseits muß ich mir immer mehr vorhalten, daß mein nun ungefähr zehnjähriges Schweigen den Worten, mit denen ich es brechen möchte, eine merkwürdige Verantwortung auferlegt: diese Worte, ja alle, die ich noch je werde zu formen haben, sind aus dem Stoff der unsäglichen Hemmnisse gemacht, die mir durch die Jahre (und besonders seit 1914) auferlegt gewesen sind, und sie werden schwer und massig sein von Natur. Nie war ich weniger in der Lage, mit leichten und gefälligen und gelegentlichen hervorzutreten. Mir scheint, als ob nur noch Eines, ein letztes Gültiges, *das Eine, das not tut,* mich zur Aussprache berechtige.«

(Briefe aus Muzot 1921-1926, S. 35)

Wie groß muß dann sein Glück gewesen sein, als nach diesem langen Schweigen die Stimme der Inspiration wieder zu tönen begann, als im Februar 1922 jene Sonette und Elegien entstanden, die sein dichterisches Werk krönen und abschließen sollten. Sie erschienen ihm selber als das »rätselhafteste Diktat«, das er je »ausgehalten und geleistet« habe. Ehrfurcht und Dankbarkeit erfüllte ihn vor den Mächten, die er so in seinem eigenen Innern erleben durfte. Die unendliche Seligkeit des Schaffenden zittert nach in jenen Worten, mit denen er der Fürstin Thurn und Taxis die Entstehung seiner »Duineser Elegien« mitteilt: »Alles in ein paar Tagen, es war ein namenloser Sturm, ein Orkan im Geist (wie damals auf Duino), alles, was Faser in mir ist und Geweb, hat gekracht, – an Essen war nie zu denken, Gott weiß, wer mich genährt hat.

Aber nun *ist's.* Ist,
Amen.

Ich habe also dazu hin überstanden, durch alles hindurch. Durch alles.
Und das war's ja, was not tat. *Nur* dies.«

(Briefe aus Muzot 1921-1926, S. 100)

Bei solchen Worten wird man unwillkürlich daran erinnert, was Friedrich Nietzsche in seinem »Ecce homo« über das Wesen der Inspiration geschrieben hat: »Mit dem geringsten Rest von Aberglauben in sich würde man in der Tat die Vorstellung, bloß Mundstück, bloß Medium übermächtiger Gewalten zu sein, kaum abzuweisen wissen. Der Begriff Offenbarung ... – beschreibt einfach den Tatbestand. Man hört, man sucht nicht; man nimmt, man fragt nicht, wer da gibt: wie ein Blitz leuchtet ein Gedanke auf, mit Notwendigkeit, in der Form ohne Zögern, – ich habe nie eine Wahl gehabt.«

Wenn Nietzsche sagt, er zweifle nicht, daß man Jahrtausende zurückgehen müsse, um jemanden zu finden, der ihm sagen dürfte, er habe die gleiche Erfahrung von Inspiration, so braucht darüber nicht geurteilt zu werden – gewiß aber ist, daß Rilke diese überwältigende Größe geistiger Offenbarung gekannt hat. Nur scheinbar stehen seine Aussagen über das »Handwerkliche« seiner Kunst damit in Widerspruch. Mag in früheren Zeiten die göttliche Eingebung über den Menschen gekommen sein, sich ein willenloses Werkzeug suchend, wann sie wollte und wie sie wollte – diese Zeiten sind vorüber. Immer mehr werden die Kräfte des Geistes jener Menschen bedürfen, die in zäher, stiller Arbeit sich zum Gefäß gemacht haben. Ohne diese harte Schule der Selbsterziehung, bis in das »Handwerksmäßige« einer Kunst hinein, wird die Stimme der Inspiration kein geeignetes Organ mehr finden, durch das sie sich dem Menschen mitteilen könnte. Denn das Genie als Naturgeschenk scheint auszusterben. Rilke war eine Persönlichkeit, die durch Schulung sich die Bereitschaft für den Geist zu erwerben wußte. So war dieses Dichterleben ganz dem Worte geweiht. Und was er selbst im »Requiem« als Vorbild preist: »wie Schicksal in die Verse eingeht und nicht zurückkommt, wie es drinnen Bild wird«, das hat er selbst verwirklicht:

» . . . O alter Fluch der Dichter,
die sich beklagen, wo sie sagen sollten,
die immer urteiln über ihr Gefühl,
statt es zu bilden; die noch immer meinen,
was traurig ist in ihnen oder froh,
das wüßten sie und dürften's im Gedicht
bedauern oder rühmen. Wie die Kranken
gebrauchen sie die Sprache voller Wehleid,
um zu beschreiben, wo es ihnen wehtut,
statt hart sich in die Worte zu verwandeln,
wie sich der Steinmetz einer Kathedrale
verbissen umsetzt in des Steines Gleichmut.«

Die lapidaren Eingangsworte des Johannes-Evangeliums beginnen vor uns in einem neuen Glanze aufzuleuchten: »Im Anfang war das Wort und das Wort war bei Gott und ein Gott war das Wort.« Rilke hat ein ganzes Leben dem Verständnis dieses Geheimnisses geweiht.

Das Gotteswort ist dem Menschenwort nahegekommen: »Und das Wort ist Fleisch geworden.« – Der Dichter muß das Wagnis begehen, dieses Weltgeschehen, das sich einmal in kosmischen Dimensionen vollzogen hat, in seinem eigenen Leben und Werk nachschaffend zu verwirklichen. Wie weit es ihm gelingt, dem Wort Leib und Blut zu verleihen, wird Glück und Grenze seines eigenen Daseins sein.

APOLLINISCHE UND DIONYSISCHE
WELTGEGENSÄTZLICHKEIT

»Zu der stillen Erde sag: Ich rinne.
Zu dem raschen Wasser sprich: Ich bin.«

Nietzsche hat in der »Geburt der Tragödie aus dem Geiste der Musik«
jene berühmt gewordenen Begriffe eingeführt, die er das Apollinische
und Dionysische nennt. Er wandte dieses Begriffspaar insbesondere
zum Verständnis der griechischen Tragödie an und sah in ihm ein
Mittel zum tieferen Eindringen in die Geheimnisse der Kunst. Die
Namen entlehnte er von den Griechen, weil sie, wie er sagt, die Ge-
heimlehren ihrer Kunstanschauung zwar nicht in Begriffen, sondern
in den Gestalten ihrer Götterwelt vernehmbar machten. In ihren beiden Kunstgottheiten, Apollo und Dionysos, spreche sich ein ungeheurer
Gegensatz innerhalb der griechischen Welt nach Ursprung und Zielen
aus, der zwischen der bildenden Kunst Apolls und der unbildlichen
dionysischen Kunst der Musik bestehe. Nietzsche kennzeichnet die
beiden als gegensätzliche Triebe, die, einander zu immer neuen Gebur-
ten reizend, schließlich das harmonisch ausgewogene Kunstwerk der
attischen Tragödie erzeugt hätten. Der Traum mit seinen Gestalten,
Formen und Bildern ist die Wurzel des Apollinischen, während das
Dionysische seinen Ursprung im Rausch hat. In der Lichtwelt des son-
nenhaften Apoll herrscht maßvolle Begrenzung, Klarheit und weisheits-
volle Ruhe. Die dionysische Rauschwelt dagegen, die in Taumel und
Selbstvergessenheit schwärmerisch vorüberbraust, ist von ekstatisch-
glühenden Regungen durchzuckt.
Nietzsche hat diese beiden Begriffsbilder nur historisch rückschauend
auf die Welt Griechenlands angewandt. Es besteht die merkwürdige
Tatsache, daß er mit dieser Idee in den Jahren 1870/71 an die Öffent-
lichkeit trat, als die von ihm gekennzeichnete Weltgegensätzlichkeit

anfing, in der abendländischen Welt eine ganz neue, unerwartete Form anzunehmen. In der Zeit der Gründung des Deutschen Reiches beginnt nämlich jene von Nietzsche nur auf die Kunst angewandte Urpolarität sich im Geistes- und Kulturleben des Abendlandes gleichsam in geographisch-kulturellen Lebensverhältnissen zu verkörpern. Deutlich treten diese Polaritäten nach dem Ersten Weltkrieg in die Erscheinung. Das Abendland scheint eine Spaltung in zwei große Kulturgebiete durchgemacht zu haben, in denen auf der einen Seite das Apollinische und auf der anderen das Dionysische in einer unerhörten Steigerung und Verdichtung sich manifestieren. Es ist jene tiefgehende kulturelle Doppelheit, in die Mitteleuropa sich erst recht nach dem Zweiten Weltkrieg mitten hineingestellt sieht, indem es die vom westlichen Amerikanismus und die vom russischen und asiatischen Osten hereindringenden Impulse erlebt.

Im Westen: Eine durchgeformte Zivilisation, deren Menschen – im Gegensatz zu den östlichen – eine selbstbewußte, individualisierte Eigenprägung tragen. Aber der Geist ist ganz in der Form aufgegangen. Von dorther kommt mit unerhörter Formkraft der Impuls des Mechanismus: Die Welt der Maschine droht das Menschliche zu vernichten. – Im Osten: Eine Welt der Geistigkeit in unkonturierten und verschwimmenden Gestaltungen mit zumeist abgestandenen Überresten alter Mysterienkulturen, voll von verführerischen Reizen und Geheimnissen – Asiens dunkle, aber blutvolle Zauberwelt.

So haben die beiden Weltmächte, die sich einst als Urpolaritäten in der griechischen Kunst dargelebt haben, in ihrer neuen Welterscheinung sich auf grandiose Art objektiviert und dabei eine Art *Dämonisierungsprozeß* durchgemacht. Die ruhevolle Formkraft Apolls, die ehemals in den maßvollen Gestaltungen der bildenden Kunst ihren Ausdruck gefunden hat, scheint verzerrt und gesteigert in den gigantischen Bemühungen technischer Formung und Normung eine Wiedergeburt erlebt zu haben. Das Dionysische, das einst als eine zwar wild-ekstatische, aber doch göttliche Kraft erlebt werden konnte, hat sich nun ganz in den Dienst der Methoden gestellt, die durch Pharmaka und alte Übungsformen das menschliche Bewußtsein erweitern sollen. Aber seiner Grundwesenheit nach ist das apollinisch-dionysische Paar den-

noch in seiner modernen Inkarnation als Kulturpolarität wiederzuer-
kennen*.

Es ist die große und verantwortungsschwere Mission der europäischen
Mitte, das geistige Gleichgewicht und die Harmonisierung der Extreme
zu erreichen. Wenn man – auf eine Formel gebracht – sagen kann: Im
Osten lebt der Geist, wenn auch in neuerer Zeit vielfach in Gestalt
der Ideologie; im Westen lebt die Form, wenn auch oft verhärtet, so
wäre es die Aufgabe der Mitte, sich nicht an eines der beiden Extreme
zu verlieren, sondern das Geistige in die Form des menschlichen Ich
zu gießen, beziehungsweise die Schale des Ich mit dem göttlichen Geist
zu füllen.

In solche Aufgaben und Spannungsverhältnisse sieht sich derjenige hineingestellt, der innerhalb des mitteleuropäischen Geisteslebens wirken
will.

Auch Rilke hat die östliche und westliche Kulturgegensätzlichkeit,
wenn auch nicht in ihren krassen Erscheinungsformen, so doch im Bereiche der Kunst durchleben müssen. Sein Schicksalsweg führte ihn
äußerlich und innerlich durch beide Bereiche hindurch und ließ ihn
auch die Gefahren erleben, die mit ihnen verbunden sind. Man darf sa-

* Es könnte überflüssig erscheinen, zu betonen, daß diese Kulturdoppelheit
nicht eng schematisch gemeint ist. Zur Vermeidung von Mißverständnissen
sei jedoch ausdrücklich gesagt, daß die ungeheure Kompliziertheit der abendländischen Kulturverhältnisse mit der obigen, formelhaft angedeuteten Pola-
rität nicht erschöpfend charakterisiert sein soll. Der hier gemeinte Spannungs-
gegensatz ist natürlich nur *ein* wichtiger Faktor beim Zustandekommen der
neueren Weltverhältnisse. Er muß als eine Art »Urphänomen« aufgefaßt werden, das in außerordentlich komplizierten Abwandlungen in die Erscheinung
tritt. Die geographische Zuordnung des dämonisiert gesteigerten Apollinisch-
Dionysischen nach West und Ost gilt zwar im Prinzip, wird aber in den realen
Lebensverhältnissen oft durchbrochen. So treten gewisse Seiten des »geistigen
Westens« auch im Osten auf – man denke etwa an den Marxismus in der
Sowjetunion und in China oder an Japan – und umgekehrt. Wenn man sich
dieser Einschränkung bewußt bleibt und die großartige Lebendigkeit des Da-
seins nicht durch einen leidigen Schematismus verkümmert, kann die obige
Unterscheidung, deren geistiger Urheber Rudolf Steiner ist, zu fruchtbaren
Einsichten führen.

gen, daß es ihm, wenigstens in seinem künstlerischen Schaffen, bis zu einem hohen Grade gelungen ist, die geistige Mitte zu finden.

Schon als junger Mensch mit kaum 25 Jahren kam Rilke nach Rußland. Dieses Land wurde ihm eines der grundlegenden Erlebnisse seines Werdens. Er wird nicht müde, immer wieder auszusprechen, wie sehr ihm Rußland zur geistigen Heimat geworden sei. Tiefe und wahre Worte sind es, mit denen er die russische Landschaft und den russischen Menschen charakterisiert.

»Man lernt alle Dimensionen um. Man erfährt: Land ist groß. Wasser ist etwas Großes, und groß vor allem ist der Mensch. Was ich bisher sah, war nur ein Bild von Land und Fluß und Welt. Hier aber ist alles selbst. – Mir ist, als hätte ich der Schöpfung zugesehen, wenige Worte für alles Sein, die Dinge in den Maßen des Gottvaters . . .«

» . . . Es scheint: die russischen Menschen leben Fragmente unendlich langer und mächtiger Lebensfreude, und wenn sie auch nur einen Augenblick darin verweilen, so liegen doch über diesen Minuten die Dimensionen gigantischer Absichten und hastloser Entwicklungen . . . Und das eben ist es, was uns aus allen ihren Leben so ewig, so zukünftig berührt.«

» . . . Rußland war die Wirklichkeit und zugleich die tiefe, tägliche Einsicht, daß die Wirklichkeit etwas Fernes, unendlich langsam zu denen Kommendes ist, die Geduld haben. Rußland, das Land, wo die Menschen einsame Menschen sind, jeder mit einer Welt in sich, jeder voll Dunkelheit wie ein Berg, jeder tief in seiner Demut, ohne Furcht, sich zu erniedrigen, und deshalb fromm. Menschen voll Ferne, Ungewißheit und Hoffnung: Werdende. Und über allem ein nie festgestellter, ewig sich wandelnder, wachsender Gott.«

»Es ist ein tägliches seltsames Erleben unter diesem Volke voll Ehrfurcht und Frömmigkeit, und ich freue mich tief dieser neuen Erfahrung . . .«

(Briefe 1899-1902)

Rilke erlebt in Rußland vor allem auch das Unberührt-Jungfräuliche, das ihm eine große Bedeutung in der Zukunft offenhält.

»In diese Geschichte wird sich vielleicht einmal der russische Mensch

einfügen, welcher wie Rodin es als ein Schaffender tut, als ein Werden-
der und Duldender von den Dingen abstammt und ihnen verwandt ist,
blutsverwandt. Das Abwartende in dem Charakter des russischen Menschen (das des deutschen sich wichtig fühlende Geschäftigkeit am Un-
wichtigen Trägheit nennt) erhielt so eine neue und sichere Aufklärung:
vielleicht ist der Russe gemacht, die Menschengeschichte vorbeigehen
zu lassen, um später in die Harmonie der Dinge einzufallen mit seinem
singenden Herzen. Nur zu dauern hat er, auszuhalten und wie der
Geigenspieler, dem noch kein Zeichen gegeben ist, im Orchester zu
sitzen, vorsichtig sein Instrument haltend, damit ihm nichts wider-
fahre . . . Immer mehr und von immer innigerer Zustimmung erfüllt,
trage ich meine Zuneigung für dieses weite heilige Land in mir; als
einen neuen Grund für Einsamkeit und als ein hohes Hindernis zu den
anderen.«

(Briefe 1902-1906, S. 125)

Es blieb Rilke nicht erspart, die grauenhaften Schicksale von fern mit-
erleben zu müssen, in die Rußland durch die Revolution gerissen wurde.
Eine ideologische Macht pfropfte auf dieses Land mit seinen gläubigen
Menschen eine rein vom Materialismus diktierte Lebensauffassung.
Aber Rilke verliert nicht den Glauben an die überdauernden Kräfte der
russischen Volksseele, die nach der Knechtung einmal ihre Aufer-
stehung erleben wird.
Das überlebende Rußland wird, so glaubt Rilke, mit seiner »heiligen
Langsamkeit« sich für eine vielleicht ferne, von ihm nicht erlebte Zukunft vorbereiten.
In dem Rußland vor dem Kriege findet Rilke zahlreiche tiefgehende
menschliche Beziehungen, hier fühlt er sich in seiner eigenen Mensch-
lichkeit aufgenommen und bejaht. Hier bricht auch der Quell seiner
Dichtkraft auf, der ganz und gar noch aus der Seele des östlichen Geist-
Erlebens fließt: Das Stundenbuch. Es sind Gebete und Lobpreisungen
von einer Glut des inneren Lebens, einer Stärke des Herzens, wie sie
nur der östliche Mensch kennt. Diese Verse, die am Erleben Rußlands
gewonnen sind, flossen ihm, wie er selbst sagt, mit einer überraschenden
Leichtigkeit zu. Vielleicht kann man durch nichts den Geist des Ostens

besser charakterisieren als durch diese Gedichte. Sie sind erfüllt von einer überquellenden Phantasie, einer innigen, herzensstarken Frömmigkeit, sie fließen und rauschen daher wie ein Strom. Aber die Geistigkeit, die in ihnen lebt, ist noch unausgereift, vor allem unkonturiert. Es ist nicht die Stimme eines einzelnen Ich, sondern eher die einer großen wogenden Gruppenseele, die über den dortigen Menschen schwebt.

> »Ich verrinne, ich verrinne
> wie Sand, der durch Finger rinnt.
> Ich habe auf einmal so viele Sinne,
> die alle anders durstig sind.
> Ich fühle mich an hundert Stellen
> schwellen und schmerzen.
> Aber am meisten mitten im Herzen.«

Im »Stundenbuch« und bis zu einem gewissen Grade auch im »Buch der Bilder« haben wir den Niederschlag dessen, was Rilke in Rußland als Erlebnis des Ostens durchgemacht hat. Hier sind Inhalt und Versform noch so durchglüht von geistigem Feuer, noch so in Fluß, daß der Mangel an Begrenzung und Form deutlich wird. Es ist eine zerfließende Welt noch vor dem Ich: die einseitige Welt des Dionysischen.

Rilke hat die Gefahr dieser Art des Schaffens deutlich gespürt und ganz bewußt darauf verzichtet, obgleich es ihm ein Leichtes gewesen wäre, in diesem Stil weiterzuschreiben. Nicht zufällig ist er zu dieser Erkenntnis gekommen, sondern durch die Begegnung mit – dem Plastiker Rodin, die das zweite entscheidende Erlebnis seiner Entwicklung geworden ist. Eine wunderbare Fügung liegt in der Tatsache, daß er nun im Westen, in Paris, wo der bildnerische Geist des Apollinisch-Maßvollen zu Hause ist, dem *Bildhauer* begegnet.

Mit der gleichen Hingabe, mit der Rilke in die dionysische Welt des Ostens eingetaucht war, versucht er nunmehr, an dem großen Vorbild Rodins die Welt der Form kennenzulernen und sich selber anzueignen. Ein völliger Umschwung in der Art seines Arbeitens tritt ein. Wie ein Maler oder Bildhauer tritt er nun vor sein Objekt und betrachtet es eingehend von allen Seiten aus. Mit der Gründlichkeit des Naturwissenschaftlers studiert er zunächst die Objekte seiner Kunst. Er betrachtet unzählige Male den Gegenstand, den er dichterisch gestalten will, bis sein geistiges Wesen in ihm aufleuchtet. Dann erst macht er sich daran, aus dem Material der Sprache ein Bild dieses Wesens herauszumeißeln.

»Rußland (Sie erkennen das in Büchern, wie dem Stundenbuch) wurde, in gewissem Sinne, die Grundlage meines Erlebens und Empfangens, ebenso wie, vom Jahre 1902 ab, Paris – das unvergleichliche – zur Basis für mein Gestaltenwollen geworden ist. Unter dem großen Einfluß Rodins, der mir eine lyrische Oberflächlichkeit und ein billiges (aus lebhaft bewegtem, aber unentwickeltem Gefühl stammendes) à peu près überwinden half, durch die Verpflichtung, bis auf weiteres, wie ein Maler oder Bildhauer, *vor* der Natur zu arbeiten, unerbittlich begreifend und nachbildend. Das erste Ergebnis dieser strengen guten Schulung war das Gedicht der Panther – im Jardin des Plantes in Paris –, dem man diese Herkunft ansehen mag.«

(Briefe aus Muzot 1921-1926, S. 370)

Die »Neuen Gedichte« sind die Frucht dieser Arbeitsweise: Sie sind in mehr als einem Sinne wirklich *neue* Gedichte. Die Sprache in ihnen ist mit einer unerhörten Konsequenz gestaltet und geformt worden. Alle sich so leicht aufdrängenden Worte, Wendungen und Reime sind vermieden; jede Zeile wirkt wie gehämmert und gemeißelt. Während in den Gesängen des Stundenbuches die Flöte des Pan zu erklingen scheint, wirken diese Gedichte fast wie Gestalten der bildenden Kunst, wie aus Marmor und Bronze. Und es ist gewiß kein Zufall, daß beide Bände der »Neuen Gedichte« mit einem Gedicht über Apollo beginnen, als sollten sie das Leitmotiv angeben, das durch alle weiteren Verse sich hindurchzieht.

Freilich konnte es kaum ausbleiben, daß eine so streng durchgeführte Methode zu Einseitigkeiten und Übertreibungen führen mußte. Darum finden wir in den »Neuen Gedichten« und auch in den folgenden Werken manches, was uns als allzu »gekonnt« anmutet.

Es gibt viele, durchaus künstlerisch fühlende Menschen, die deshalb kein rechtes Verhältnis zu Rilke gewinnen können, weil sie sich durch solche

»maniriert-virtuosen« Gestaltungen abgestoßen fühlen. Sie würden gerechter urteilen, wenn sie sie in den Entwicklungsgang des Dichters einbeziehen und als eine vielleicht nicht ganz überwundene, aber notwendige Stufe seines Werdens erkennen könnten.

Wer das Wesen einer Persönlichkeit verstehen will, darf sich nicht durch die Schwächen und Mängel ihrer Erdenerscheinung beirren lassen, sondern muß das Zukünftige und Werdende, das in ihr veranlagt ist, zu begreifen suchen. Von diesem Gesichtspunkt aus, wo der Dichter auch heute als eine im Geiste wirkende und sich wandelnde Geistgestalt begriffen werden kann, ist es unzweifelhaft, daß Rilke in seinen späteren Werken jene höhere Synthese von Ost und West, jene Übereinstimmung von Geist und Form wo nicht immer vollständig erreicht, so doch erstrebt hat. Die »Duineser Elegien« und ein Teil der »Sonette an Orpheus«, besonders aber auch ein großer Teil seiner Briefe, in denen seine künstlerische Produktivität keineswegs auf geringere Art als in den Gedichten sich auslebt, tragen das Zeichen eines Sieges an ihrer Stirn: In ihnen ist die Vermählung von Ost und West gelungen; das Dionysische und das Apollinische haben sich in gegenseitiger Steigerung zu einem echten Kunstausdruck der geistigen Mitte verbunden. Da ist nirgends mehr leere virtuose Form oder ichlos-strömende Glut, sondern es sind die klaren geist-geprägten Gebilde eines göttlich erfüllten ichbewußten Dichters. Darum möchten wir es wiederum nicht für einen Zufall halten, wenn das letzte Gedicht der »Sonette an Orpheus«, einer der beiden letzten großen Schöpfungen Rilkes, mit dem Wort »Ich bin« schließt. So steht dieses inhaltsschwere Wort »Ich bin« wie ein bedeutungsvolles Symbol als Schlußstein am dichterischen Werke Rilkes da:

> »Und wenn dich das Irdische vergaß,
> Zu der stillen Erde sag: Ich rinne.
> Zu dem raschen Wasser sprich: Ich bin.«

Der Dichter hat die sichere Mitte des Ich gefunden, von der aus er das Seiende und das Werdende ruhig betrachten kann. Im Ich ist die Synthese des Zeitlich-Werdenden und des Ewig-Dauernden gefunden.

Zum Westen hin, wo die stille Erde im bloßen Sein zu erstarren droht, muß das Wort des Werdens gesprochen werden: Zu der stillen Erde sag: Ich rinne. Dem Osten, der in ewigem Fließen und Wogen zu verrinnen droht, wird das Wort der Dauer zugerufen: Zu dem raschen Wasser sprich: Ich bin. Damit ist die Gefahr der Erstarrung und Verhärtung auf der einen und die der chaotischen Auflösung auf der anderen Seite gebannt: Apollinisches und Dionysisches haben sich in höherer Einheit gefunden.

SCHICKSAL UND SELBSTERZIEHUNG

»Sein Wachstum ist: Der Tiefbesiegte
von immer Größerem zu sein.«

Als eine ungeheure Lebensnot lastet auf dem modernen Menschen die Frage nach dem Schicksal. Nicht die theoretische Frage, die man sorglos und nur halbbeteiligt diskutiert, über die man diese oder jene unverbindliche Meinung äußert, sondern die praktische, tägliche Lebensfrage, die einem als Last und Leid bei sich und anderen begegnet. Was sind das für Ereignisse, denen wir oft so hilflos gegenüberstehen, die in unser Leben einbrechen, denen wir machtlos ausgeliefert scheinen, wenn sie als Krankheit und Schmerz, als äußere Not und Bedrängnis, als rätselhaft leidvolle Verkettung von Mensch zu Mensch in Liebe und Haß, Freundschaft und Feindschaft unser Herz ergreifen?
Die Zeiten sind längst vorüber, in denen die Menschheit gläubig und vertrauensvoll zur Gottheit aufblickte und alles das, was sie als Schicksal erlebte, in Demut hinnahm. Der Mensch der Gegenwart fühlt sich auf der Erde alleingelassen. Er sucht, wenn er nicht der Resignation oder der Verzweiflung anheimfallen will, nach neuen Wegen zum Verständnis und zur Bejahung der Schicksalstatsachen.
Vor dem geistig-regsamen, schöpferischen Menschen wird das, was wir Schicksal nennen, zumeist noch größer und fordernder stehen als vor dem Alltagsmenschen. Die Intensität seines Schicksalerlebens ist größer und bedarf stärkerer Gegenkräfte der Überwindung.
Rilke hat die Schicksalsnot der Gegenwart an sich selber in höchstem Maße erfahren. Sein Leben ist ein unausgesetztes Ringen um eine sinnvolle Bewältigung und Lösung dieser Notfrage. Ein solcher persönlicher Kampf ist nur dann von allgemeinem Interesse, wenn in ihm Wege und Ziele sichtbar werden, die aus der sonstigen Ratlosigkeit hinauszuführen vermögen. Bei Rilke können wir einen Ansatzpunkt finden, der für viele wegweisend sein kann. Wir sehen in ihm einen Menschen,

35

der in neuer Weise zu einer Bejahung und vertrauensvollen Hingabe an das Schwere des Schicksals gekommen ist. Freilich bleibt das meiste von dem, was er zu geben hat, im Bereiche des Tastens und Suchens, und doch strahlt von seinen zögernden Worten etwas aus, dem man bereits eine tiefere Gewißheit, ein sicheres Hinarbeiten auf ein bestimmtes Ziel anmerkt.

»Wir wissen's ja oft nicht«, schreibt er 1905, »die wir im Schweren sind, bis über die Knie, bis an die Brust, bis ans Kinn. Aber sind wir denn im Leichten froh, sind wir nicht fast verlegen im Leichten? Unser Herz ist tief, aber wenn wir nicht hineingedrückt werden, gehen wir nie bis auf den Grund. Und doch, man muß auf dem Grund gewesen sein. Darum handelt sich's.«

(Briefe 1902-1906, S. 284/5)

Er fühlt, daß die Belastungen, die das Schicksal uns auferlegt, nicht sinnlos quälende Veranstaltungen des Zufalls sind, mit denen man sich irgendwie abzufinden hat. Er kann das, was wir Schicksal nennen, nicht als ein blind wirkendes Fatum ansehen, das wahllos diesen oder jenen Menschen trifft, das man passiv hinzunehmen habe. Aber auch die stoische Ansicht vom Schicksal kann Rilke nicht teilen. Es genügt nicht, nur die innere »Haltung« zu wahren, gelassen und standhaft zu ertragen, was uns auferlegt wird. Rilke sucht nach dem verborgenen *Sinn* des Schicksals, und zwar nicht nach dem Sinn, den wir ihm womöglich willkürlich beilegen, um damit »fertig zu werden«, sondern nach dem ihm innewohnenden Sinn. Da findet er als erstes, daß das Leben »auf Zuwachs zugeschnitten« ist; daß jedem von uns eine Gestalt seines geistigen Wesens vorschwebt und gleichsam vorgehalten wird, die größer, reiner und geistiger ist als die jeweils gegenwärtige. In dieses Urbild hineinzuwachsen ist die Aufgabe unseres Lebens. Das Schicksal ist diejenige sinnerfüllte Weltenkraft, die die begrenzten Formen unserer Persönlichkeit sprengt, um uns durch immerwährende Wandlungen dem göttlichen Urbild unseres Wesens anzugleichen.

»Erschrecken Sie nicht über den Ausdruck ›Schicksal‹, dessen ich mich in meinem letzten Brief bediente. Ich nenne Schicksal alle äußeren Ereignisse (Krankheiten z. B. inbegriffen), die unvermeidlich eintreten können, eine Geistesdisposition und Erziehung, einsam durch ihre Natur, zu unterbrechen und zu vernichten.«

(Briefe aus Muzot 1921-1926, S. 18)

Rilke begnügt sich jedoch nicht mit dieser noch sehr allgemeinen Deutung des Schicksals. Er erwartet von all den vielfältigen Verwandlungen der Schicksalsführung, daß sie uns auf »eine neue Geistesgegenwart und Gegenwart des Herzens« vorbereiten. Was er damit meint, wird aus manchen anderen Aussprüchen deutlich. Er denkt dabei nicht an die Gegenwart des Geistes im allgemeinen, sondern an den individuellen Geist des Menschen selber. Er ist der Überzeugung, daß der göttliche Geist, den Menschen vergangener Epochen in ihrem Schicksalsleben noch zu fühlen vermochten, sich vom Menschen allmählich zurückzieht. Rilke fühlt deutlich, daß gegenüber früheren Zeiten gewisse grundlegende Veränderungen im Menschenwesen selbst eingetreten sind. Was früher wie von selbst kam, bleibt jetzt oft aus: denn der Mensch ist mehr und mehr zu eigener Aktivität aufgerufen. Die Schicksalsmächte lassen den Menschen freier als in der Vergangenheit. Aber die wachsende Freiheit verpflichtet ihn zu eigener Tätigkeit und Wachheit. Was früher die Götter für den Menschen taten, bleibt nun ihm selbst überlassen:

»Immer wieder erweist es sich für jeden von uns, daß das nicht eintritt, was sich in einer weniger verstörten Welt sonst ›gefügt‹ haben würde, um das Gleichgewicht für irgendeine innere Lage herzustellen –; die *Fügung* fehlt, das, womit uns sonst erwidert wurde, wenn wir am Ende einer Leistung angekommen waren, das ›Spiel‹ fehlt, das wunderbar arglose Spiel der Umstände, das Möglichkeiten, Wendungen, Stimmungen unterschob, wie wir ihnen unwillkürlich entgegengekommen waren . . . , das ruhige Antworten aus dem Schicksal, das sonst eintraf, sobald eine wahrhafte Frage – oft wußten wir kaum von ihr – in uns erwachsen war.«

(Briefe an eine junge Frau, S. 50)

An die Stelle dessen, was sonst Fügung des Geistes war, der wir unbewußt uns überlassen durften, hat nun diejenige Eigenkraft zu treten, die schöpferisch ordnend das Chaos unserer Schicksalsverstrickungen ent-

wirren kann. Rilke glaubt an die dem Menschen *einwohnende* Geistes-
kraft, die wir als göttlich bezeichnen dürfen, wenn sie auch zunächst
nur wie ein schwacher Funke in uns glimmt.

»Aber unsere Wirrnisse sind seit je ein Teil unserer Reichtümer gewesen, und wo wir vor ihrer Gewalt uns entsetzten, erschrecken wir
doch nur vor ungeahnten Möglichkeiten und Spannungen unserer
Kraft –; und das Chaos, wenn wir nur ein wenig Abstand davon gewinnen, erregt in uns sofort die Ahnung neuer Ordnungen und, sowie unser Mut an solchen Ahnungen nur im mindesten sich beteiligen mag,
auch schon die Neugierde und die Lust, jenes noch unvorsehliche künf-
tige Ordnen zu leisten!«

(Briefe aus Muzot 1921-1926, S. 149)

Eine solche Auffassung von Schicksal führt zu neuer Bejahung des Lebens. Diese Bejahung kann die Grundlage zu einer wirklichen Erkenntnis des Schicksals werden. Indem man die Schicksalstatsachen anerkennt
und sie nicht leichthin durch irgendwelche Kunstgriffe beiseitezuschie-
ben versucht, sondern in ihrer höheren Wahrheit nimmt, entsteht eine
Art von »Wahrnehmung«, die der Erkenntnis des Schicksals voran-
gehen muß. Die volle wirklichkeitsgemäße Erkenntnis eines Dinges der
Außenwelt bekommen wir auch nur, wenn wir eine ungetrübte Wahrnehmung denkerisch verarbeiten. Ebenso müssen wir uns erziehen, die
Schicksale, in die wir oft leidend hineinverstrickt sind, ruhig anzu-
schauen und in uns aufzunehmen. Gewiß trübt sich uns fast immer der
Blick, weil wir ihnen oder sie uns zu nahe sind, zu »nahe gehen« – aber
wie sollen wir zu einer richtigen Erkenntnis kommen, wenn schon die
Wahrnehmung mangelhaft ist!

»Jenes ›Schwer-Nehmen‹ des Lebens, von dem meine Bücher erfüllt
sind –, ist ja keine Schwermütigkeit, ... – jenes Schwernehmen will ja
nichts sein, nicht wahr?, als ein Nehmen nach dem wahren Gewicht,
also ein Wahrnehmen; ein Versuch, die Dinge mit dem Karat des Herzens zu wägen, statt mit Verdacht, Glück oder Zufall. Keine *Absage*,
nicht wahr?! *keine Absage;* oh, im Gegenteil, wieviel unendliche Zustimmung zum Da-Sein!«

(Briefe aus Muzot 1921-1926, S. 117)

Eine solch tief-innere Zustimmung des Herzens bereitet erst jene Ebene vor, auf der das Schicksal wieder zur Fügung werden, wo sein höherer Sinn aufleuchten kann.

Damit wird immer klarer, daß das wesenhafte Gegenbild dessen, was von außen als Schicksal an uns heranzutreten scheint, in unserem eigenen Innern ruht. Wir sind selbst jene uns rätselhafte, schicksalbildende Macht. Unser eigenes Ich, zwar nicht unser niedriges Ego, sondern unser höheres, uns nur in lichten Augenblicken erreichbares Ich, ist der Ort, von dem Schicksal ausgeht.

»Man hat schon so viele Bewegungsbegriffe umdenken müssen, man wird auch allmählich erkennen lernen, daß das, was wir Schicksal nennen, aus den Menschen heraustritt, nicht von außen her in sie hinein.«

(Briefe an einen jungen Dichter, S. 45)

Was so auf uns zuzukommen scheint, ist in Wirklichkeit ein Werk eigener innerer Tätigkeit. Wie ein Magnet zieht die schicksalbildende Kraft in uns jene Ereignisse an oder uns zu den Orten hin, die für uns Schicksal werden sollen. Im Inneren des Geistes ist das Schicksal ständige Gegenwart.

In der Medizin spielt der Begriff der »Disposition« bzw. »Konstitution« eine gewisse Rolle. Man bezeichnet damit die individuelle Empfänglichkeit oder Unempfänglichkeit für bestimmte Krankheitserreger. Diesen Begriff könnte man, erweitert, auf alle von außen an uns herantretenden Schicksalsereignisse anwenden. Wie unser Körper eine gewisse Selektion treibt, indem er nur ganz bestimmten Krankheitserregern ein Feld der Wirksamkeit einräumt, was offenbar nach ganz individuellen Maßstäben geschieht und dem betreffenden Menschen irgendwie gemäß, notwendig und in einem tieferen Sinne »zukommend« ist, so verhält sich in ähnlicher Weise unser seelisch-geistiges Wesen allen von außen kommenden Ereignissen gegenüber selektiv, d. h. entweder anziehend oder abstoßend. Es ist leicht einzusehen, daß z. B. unsere Fähigkeiten, Charakter- und Temperamentseigenschaften, unsere Weltanschauung, Bildung, unser Geschlecht und vieles andere, was mehr oder weniger mit unserem Wesen zusammenhängt, fortwährend in einem solchen aussondernden Sinn eine Rolle in unserem gesamten

Lebensablauf spielt. Die genannten Eigenschaften und Attribute unserer Persönlichkeit sind – wenn das technische Bild erlaubt ist – die Sperrkreise und Empfangsorgane der schicksal-bildenden Macht in uns. Ihrer bedient sich unser »höheres Ich«, um die uns notwendigen Geschicke in unserem Daseinskreis aufzunehmen und die uns nicht gemäßen, uns nicht »zukommenden« auszuschließen. Es ist klar, daß wir uns dieser Tätigkeit nicht bewußt sind, ja daß sie auch von unserer Alltagspersönlichkeit nicht ausgeübt wird, sondern daß diese Schicksalsgestalt einer uns weit überragenden Weisheit entstammt. Sie ist der innere Führer auf unseren Lebenswegen. Diesem höheren Führerwesen, unserem »Genius«, den wir unser höheres Ich genannt haben, den Rilke »die Gestalt« nennt, »die ich mir draußen, gültiger und dauernder baue« (vgl. unten S. 46), wohnt eine göttliche Kraft inne. Bejahen wir unser Schicksal – so bejahen wir das Göttliche in uns. An den geheimnisvoll anmutenden Linien und Figuren unseres Schicksalslebens können wir die besondere Eigenart des Gottes in uns ablesen, denn in ihnen offenbart er sich auf sichtbare Art.

Erst auf diesem Niveau, wo das Schicksal als lebenfördernde Vergünstigung aufgenommen wird, darf wieder in einem neuen Sinne von Fügung gesprochen werden:

»Indem Sie Ihr Leid als ein namenloses, zuletzt doch nicht mehr benennbares, ertrügen, bereiteten Sie ihm die Freiheit vor, in gewissen Momenten nicht nur Leid zu sein, sondern: Fügung (–wer kann es absehen –): Vergünstigung. Derartig eindeutige Schicksale haben ihren Gott . . .«

(Briefe 1914-1921, S. 334)

Hier berührt sich Rilkes Auffassung vom Schicksal mit der des Johannes-Evangeliums. In dem Bericht von der Heilung des Blindgeborenen wird erzählt, wie die Menschen sich um ein Verständnis dieser so rätselhaften Schicksalstatsache bemühen. Da sie von vornherein glauben annehmen zu müssen, daß jedes Leiden auf einer vorangehenden Schuld beruht, fragen sie, ob der Blinde (es kann nur gemeint sein: in einem Dasein *vor* diesem Erdenleben) oder ob seine Eltern gesündigt haben. Christus gibt zur Antwort, der Sinn dieses Schicksals sei darin zu suchen, daß der Gott dadurch zur Offenbarung kommt. Damit kann unmöglich gemeint sein, die göttliche Welt habe jemandem ein so schweres Schicksal wie das der Blindheit aufgebürdet, nur um zu beweisen, daß sie auch die Macht habe, sie wieder zu heilen. Eine so kleingeistige Auffassung vom Göttlichen hat das Johannes-Evangelium nicht. Es will sagen: Der dem Menschen innewohnende Gott, der aus höherer Einsicht ein solches Schicksal für nötig gefunden hat, soll dadurch eine sichtbare Offenbarung erfahren.

Hat eine frühere Menschheit sich mit ihrem Schicksal versöhnen können, indem sie es demütig aus der Hand einer fernen Gottheit entgegenzunehmen glaubte, so wird die Menschheit in der Zukunft lernen müssen, den Gott zu finden, der im eigenen Innern waltet und im Schicksal sich offenbart. Identifiziert sich der Mensch mit seinem Schicksal, so findet er den Gott, der in seinem höheren Ich waltet. Diese Gotteskraft unseres innersten Wesens ist, wie wir sagten, nicht identisch mit dem Erden-Ich, dessen wir uns im gewöhnlichen Leben bewußt sind. Das letztere ist vielmehr wie eine Spiegelung des höheren Ich, das nicht völlig in sein irdisches Abbild eingeht. Was Rilke von der Verbindung mit den Toten sagt*, gilt in einem gewissen Sinne auch von dem Verhältnis des Erden-Ich zu seinem wahren urbildlichen Gottes-Ich:

> »Mag auch die Spieglung im Teich
> oft uns verschwimmen:
> Wisse das Bild.«

Wenn auch das irdische Abbild nur wie eine »Spieglung im Teich« ist, die das reine Urbild oft verzerrt, – so ist doch ein Wissen von der Gültigkeit des im Bilde ausgedrückten Tatbestandes zu erringen, um eine zukünftige Verschmelzung beider Bereiche zu ermöglichen.

Wer die obigen Gedanken zum Verständnis des Schicksals konsequent weiterdenkt, wird zu der Einsicht kommen, daß eine wahre Schicksalsbetrachtung über die dem Erdenleben gesetzten Grenzen von Geburt und Tod hinausgehen muß. Wenn all die großartigen Einsich-

*Vgl. S. 88.

ten und Erleuchtungen Rilkes über die schicksalsgestaltende Kraft in uns nicht leere Worte sein sollen, wenn wir in ihnen tatsächliche Wahrheitselemente sehen dürfen, dann müssen wir annehmen, daß das höhere, schicksalbildende Menschen-Ich nicht an die durch Geburt und Tod begrenzte Erdenerscheinung gebunden ist. Die Keime und Früchte dieser Schicksalsbildung müssen jenseits dieser Schranken gesucht werden: Der Gedanke der *wiederholten Erdenleben* wird uns durch eine sachgemäße und eindringliche Schicksalsbetrachtung wie die Rilkesche nahegelegt.

Rilke hat wie so viele Große des deutschen Geisteslebens* diesen Gedanken aufgegriffen, erwogen und bedacht, ohne ihn doch in endgültiger Weise zu bejahen oder abzulehnen. Er scheint sich darüber im persönlichen Gespräch auch verschieden geäußert zu haben. Der Glaube an die Reinkarnation des Menschengeistes hat Rilke offenbar sehr nahegelegen, er war seinem ganzen Wesen und seiner Weltanschauung nicht fremd. Aber, so sehr er seinem Herzen vertraut gewesen sein mag, so fehlte ihm doch die Möglichkeit, ihn in einer der Erkenntnis völlig zusagenden Weise ausreichend zu begründen und zu rechtfertigen. Seine Aussagen darüber haben deshalb mehr den Charakter des Tastens und Nicht-Ausschließens als den der Gewißheit und völligen Zustimmung.

Es lag ohnehin in Rilkes Geistesart, sich gewissen Fragen vorsichtig und abtastend zu nähern, sie nicht derb zu vergewaltigen, und viele seiner Worte bleiben darum im Unbestimmten, dem Leser das Zu-Ende-Denken selber überlassend. Darüber hinaus scheint es, als ob Rilke gewisse, ihm besonders heilige Wahrheiten auch im Bereiche des Heiligen bewahrt wissen wollte. Er betrachtete sie als »Mysteriengut«, das man der Menge nicht wahllos ausliefern darf. Darüber mag er auch nur im vertrautesten Kreis rückhaltlos gesprochen haben.

Die Fürstin Thurn und Taxis sagt in ihren Erinnerungen an Rilke (S. 83): »Im Grunde hielt er Rußland für seine Seelenheimat, überzeugt, daß er einmal in einer früheren Inkarnation in Moskau gelebt

---

* Vgl. Bock: Wiederholte Erdenleben, Stuttgart 1961; Rudolf Frieling: Christentum und Wiederverkörperung, Stuttgart 1974.

habe.« Anscheinend hat Rilke sich ihr gegenüber in diesem Sinne ausgesprochen. Sonstige Äußerungen in seinen Werken und Briefen über
diese Frage sind überaus zurückhaltend. Über Rodin sagt er einmal,
vielleicht auf eine solche Möglichkeit anspielend: »Er war gut und
mild. Und mir war, als kennte ich ihn immer schon. Als sähe ich ihn
nur wieder, ich fand ihn kleiner und doch mächtiger, gütiger und
erhabener.«

(Briefe 1902-1906, S. 26)

In den Sonetten an Orpheus heißt es einmal:

> »Aber wann in welchem aller Leben,
> sind wir endlich offen und Empfänger?«

In den Briefen 1902–1906 finden sich (S. 56) die folgenden Zeilen, die
aber – falls sie sich überhaupt auf die wiederholten Erdenleben beziehen – mehr verhüllen als aussprechen:

> »Und wir? weißt du es denn, woher wir stammen?
> Oh, unsre Wege sind wie Nacht und Wald.
> Wer weiß, woher wir sind, wie reich, wie alt?
> und unsrer Lampen scheue schwache Flammen
> erhellen nicht mal die Gestalt – –«

Aufschlußreicher ist jenes Erlebnis in Duino, das er selber geschildert
hat (Gesammelte Werke IV, S. 280) und von dem die Fürstin Thurn
und Taxis folgenden Bericht gibt:
»Rilke streifte ... eines Tages ziellos, zerstreut und verträumt durch
Gebüsche und Dorngestrüpp. Plötzlich befand er sich vor einem riesi-
gen, sehr alten Ölbaum, den er noch nicht gesehen hatte. Wie es kam,
weiß ich nicht, aber plötzlich hatte er sich rücklings an den Baum
gelehnt, auf dessen knorrigen Wurzeln stehend und den Kopf gegen
die Äste stützend, und – ich kann nur sagen, was er mir wiederholt
erzählte – sofort war ein ganz eigenes Gefühl über ihn gekommen,
so daß er lautlos und klopfenden Herzens unbeweglich stehenblieb.

Ihm war, als stünde er in einem anderen Leben, in einer längst vergangenen Zeit – alles, was je hier gelebt, geliebt und gelitten hatte, kam zu ihm, umgab und bestürmte ihn, wollte von neuem in ihm aufleben, von neuem lieben und leiden. Da war keine ›Zeit‹ mehr, kein Unterschied zwischen dem wiedergekehrten Einst und dem gestaltlos-düsteren Jetzt. Die ganze Luft schien belebt, schien ihn unheimlich und ohne Unterlaß zu bedrängen. Und doch war dies unbekannte Leben ihm irgendwie nahe, er mußte daran teilnehmen. . . . Rilke war, wenn er von dieser, so plötzlich aufgetauchten wie entschwundenen Erscheinung sprach, äußerst erregt. ›Seltsam‹, wiederholte er, ›seltsam‹. Er hatte sich nie getraut, an diese versteckte Stelle zurückzukehren und den Baum auch nur zu berühren. ›Ich wußte nicht, ob ich dann zurückkehren würde‹, sagte er leise.«

(Marie Thurn und Taxis: Erinnerungen an Rainer Maria Rilke, S. 45)

Schließlich sei noch eine Briefstelle zitiert, die in der gleichen Art wie die übrigen Aussprüche Rilkes über die Reinkarnation alles mit dem zarten Schleier des Geheimnisses umhüllen:
»Und an Ihre Reise nach Aland habe ich oft gedacht, – Sie glauben nicht, was Sie mir jedesmal mit solchen Erzählungen für einen starken Wind ins Herz blasen, das ist alles immer, als ginge es in gar keiner Zeit vor, sondern nur in der Seele und in der Natur, und so kriegt's über mich die reine Gewalt der Sage; ich höre zu, und alles andere ist fort, und mir kommt vor, wer einmal in so etwas verwickelt war, der hat irgendeinen Schatz von Urerinnerungen, als ob er schon immer gelebt hätte.«

(Briefe 1907-1914, S. 341)

Es wäre unangemessen, aus diesen zarten Äußerungen eine festgeprägte Überzeugung des Dichters herauslesen zu wollen. Rilke hat den Glauben an die Reinkarnation als Möglichkeit in der Seele getragen. Er gehörte bei ihm vielleicht zu dem »Schatz von Urerinnerungen«, den er in sich trug, den er aber ans volle Tageslicht zu bringen sich scheute. Seine Schicksalsauffassung fordert jedoch diesen Gedanken geradezu heraus. Und wenn auch Rilke unseres Wissens im Zusammenhang mit dem Schicksalsproblem den Reinkarnationsgedanken nicht erwähnt hat, so ergibt sich dieser als eine notwendige Folge aus einer Betrachtung, die seine Schicksalsauffassung ernst nimmt.

*

Eine solche Schicksalsbejahung, wie sie in Rilke gelebt hat, muß, wenn sie nicht doch in eine Art von Passivität ausmünden soll, ihre Erfüllung durch eine bewußte Selbsterziehung finden. Ganz klar stand diese Notwendigkeit schon von Jugend an vor Rilke. Unzählige Briefstellen sprechen von der Notwendigkeit zur Selbstdisziplin und zur Arbeit an sich und dem aufgetragenen Werk. Sich sammeln und die Kraft nicht für Unnötiges vergeuden – das ist der Leitsatz, den er immer wieder vor sich hinstellt.

Auguste Rodin wird ihm zum Vorbild für ein Leben, das ganz der Arbeit geweiht ist. In ihm erlebt er einen Menschen, der in richtiger Weise alt geworden ist. Und während in jenen Jahren mancher junge Mensch dem Ideal einer ewigen Jugend nachträumt, spricht Rilke von der Bedeutung des Alters:

»Ich glaube an das Alter, lieber Freund. Arbeiten und Altwerden, das ist es, was das Leben von uns erwartet. Und dann eines Tages alt *sein* und noch lange nicht alles verstehen, nein, aber anfangen, aber lieben, aber ahnen, aber zusammenhängen mit Fernem und Unsagbarem, bis in die Sterne hinein. Ich sage mir: wie gut, wie köstlich muß das Leben sein, wenn ich diesen alten Mann so groß davon sprechen, so rauschend davon schweigen höre.«

(Briefe 1902–1906, S. 284)

Wir wissen, daß Rilke in bestimmten Stunden, in denen er nicht schöpferisch tätig sein konnte, sich gewissen Übungen hingab, daß er sich schulte, wo andere vielleicht nur genießen wollten. Man würde sich allerdings eine einseitige Vorstellung von der Arbeitsart Rilkes bilden, wollte man annehmen, daß sie in einem ununterbrochenen Tätigsein bestanden hätte. Auf ein bloßes fortwährendes Beschäftigtsein und Geschäftigsein kam es ihm nicht an. Darin läge sogar eine Gefahr für den schaffenden Menschen. Er braucht Zeiten, in denen er ganz still, in denen er wie der Acker brach liegen muß.

»Ich habe mich so oft gefragt, ob nicht gerade die Tage, da wir gezwungen sind, müßig zu sein, diejenigen sind, die wir in tiefster Tätigkeit verbringen? Ob nicht unser Handeln, selbst, wenn es später kommt, nur der letzte Nachklang einer großen Bewegung ist, die in untätigen Tagen in uns geschieht? Jedenfalls ist es sehr wichtig, mit Vertrauen müßig zu sein, mit Hingabe, womöglich mit Freude. Die Tage, da auch unsere Hände sich nicht rühren, sind so ungewöhnlich still, daß es kaum möglich ist, sie zu erleben, ohne vieles zu hören...«

(Briefe 1902-1906, S. 216)

Niemals fühlte er sich als ein Fertiger. Als Ellen Key in einem Buche über ihn seine Gestalt in einer gewissen Abgeschlossenheit darstellte, war er peinlich davon berührt. Sein Leitmotiv ist in einem Vers der Sonette an Orpheus ausgesprochen: »Geh in der Verwandlung aus und ein.« Als reifer Mensch weist er ein junges Mädchen, das ihm offenbar ein persönliches Bekenntnis geschickt hat, über sich selbst hinaus an die höhere Gestalt, die er über sich fühlt:

»Schon aber weis' ich Dich nun weiter, aus mir hinaus, an die Gestalt, die ich mir draußen, gültiger und dauernder baue. Halt Dich an sie, wenn sie Dir groß und bedeutend erscheint. Wer weiß, wer ich bin? Ich wandle und wandle mich. Sie aber ist die Grenze meiner Verwandlung, ihr reiner Rand: strahlt sie Dir Liebe zu Herzen, *gut*: so laß uns beide an sie glauben.«

(Briefe aus Muzot 1921-1926, S. 154)

In dem Gedicht »Der Schauende« aus dem »Buch der Bilder« faßt Rilke seinen Glauben an die Notwendigkeit ewiger Verwandlung künstlerisch zusammen:

> »Wie ist das klein, womit wir ringen,
> was mit uns ringt, wie ist das groß;
> ließen wir, ähnlicher den Dingen,

uns so vom großen Sturm bezwingen, –
wir würden weit und namenlos.

Was wir besiegen, ist das Kleine,
und der Erfolg selbst macht uns klein.
Das Ewige und Ungemeine
will nicht von uns gebogen sein.
Das ist der Engel, der den Ringern
des Alten Testaments erschien;
wenn seiner Widersacher Sehnen
im Kampfe sich metallen dehnen,
fühlt er sie unter seinen Fingern
wie Saiten tiefer Melodien.

Wen dieser Engel überwand,
welcher so oft auf Kampf verzichtet,
der geht gerecht und aufgerichtet
und groß aus jener harten Hand,
die sich, wie formend, an ihn schmiegte.
Die Siege laden ihn nicht ein.
Sein Wachstum ist: Der Tiefbesiegte
von immer Größerem zu sein.«

*

Der Glaube an sein höheres Ich, mit dem er eins zu werden sich
bestrebte, war oft schwersten Belastungen und Prüfungen ausgesetzt.
Da brachen Depressionen und Zweifel über ihn herein und benahmen
ihm den Lebensatem.
»Wenn man das ›ich‹ nennen müßte, dieses unsäglich zusammenhang-
lose, ratlos vereinsamte, von den Stimmen der Stille abgeschiedene Bewußtsein, das in sich hineinfällt wie in einen leeren Brunnen, wie in die
Tiefe eines Teiches mit stehendem Wasser und Tieren, welche aus
Fäulnis geboren werden. Was ist man dann?«

(Briefe 1899-1902, S. 405)

Aber er weiß, daß es keinen anderen Ausweg gibt, als mutig auszuhalten und dem höheren Ich zu vertrauen. Was im äußeren Dasein unmöglich ist, muß im geistigen Leben angestrebt werden: sich wie Münchhausen am eigenen Schopfe aus dem Sumpfe ziehen. Denn alle Hilfen von außen, alle nur geborgten Kräfte sind doch nur »ein fremdes Ferment, das in die Höhe gärt, um wieder zurückzusinken unter trüben Niederschlägen«.

Alle Bedrängungen sind dazu da, daß sie getragen werden, damit sie uns stärker machen. Die Wüste muß durchschritten werden, wenn man das Land jenseits der Dürre erreichen will. Allzuviele sind aus der Wüste der Einsamkeit zurückgekehrt, ohne ans andere Ende gekommen zu sein. Aber »die Wüste ist nur ein Tor . . .«

Dazu gehört, daß man lernt, bedingungslos den großen Zielen des Lebens entgegenzuwandern, ohne zu fragen, ob und wann man sie erreichen wird. Denn Wünsche haben im tiefsten Grunde nichts mit ihrer Erfüllung zu tun. Solange ein Wunsch noch schwach ist, meint Rilke, bedarf er, wie eine Hälfte der anderen, noch der Erfüllung. Ist er aber zu etwas Ganzem und Heilem ausgewachsen, so läßt er sich nicht mehr ergänzen. »Manchmal könnte man meinen, dies gerade wäre die Ursache der Größe und Intensität eines Lebens gewesen, daß es sich mit zu großen Wünschen einließ . . .«

(Briefe 1907—1914, S. 98)

Viele der großen Schwierigkeiten seines Lebens sind bei Rilke aus der Zartheit und Anfälligkeit seines Körpers entstanden, der nicht immer hergeben wollte, was der Geist forderte. Ihm schien es selber oft, als ob sein Körperliches Gefahr liefe, die Karikatur seines Geistes zu werden. So reich auch die Möglichkeiten waren, die ihm aus der besonderen Vielfältigkeit seines Blutes zuflossen, er konnte und wollte sich nicht darauf verlassen: » . . . Liegt es in unserer gewissen, gut ererbten und gut vermehrten Kultur? (Hofmannsthal spräche dafür) . . . Aber bei mir ist es anders; gegen alles Ererbte muß ich feindselig sein, und mein Erworbenes ist so gering; ich bin fast ohne Kultur. Meine immer erneuten Versuche, ein bestimmtes Studium zu beginnen, brachen kläglich ab, an äußeren Ursachen und an dem seltsamen Gefühl, das mich immer dabei überraschte: als ob ich von einem eingeborenen Wissen zurückkommen müßte auf einen mühseligen Weg, der in vielen Windungen wieder dazu hinführt.«

(*Briefe 1902-1906, S. 120 f.*)

Wie naheliegend wäre es für Rilke gewesen, in das andere Extrem zu verfallen und seinem Körper durch Askese das abzuzwingen, was er freiwillig nicht geben wollte. Aber auch dieser Gefahr ist er gewachsen. Er will nicht zu denen gehören, die den Körper vernachlässigen, um aus ihm »eine Opfergabe für die Seele« zu bereiten. Darum verzichtet er auf asketische Maßnahmen ebenso wie auf alle künstlichen Stimulanzen, um aus einer harmonischen Übereinstimmung von Körper und Geist schaffen zu können. Askese und Rausch betrachtet er als die beiden großen Abirrungen des Künstlertums.

»Viele haben sich durch Leichtnehmen des Lebens geholfen, indem sie ihm, sozusagen, unter der Hand entrissen, was sie doch nötig hatten, oder sich seine Werte zu Räuschen machten, deren trübe Begeisterung sie dann rasch in die Kunst hinüberwarfen –; andere hatten keinen Ausweg, als die Abkehr vom Leben, die Askese, und dieses Mittel ist freilich um vieles reiner und wahrer, als jener gierige Betrug am Leben zu Gunsten der Kunst. Aber für mich kommt auch dieses nicht in Betracht. Da doch letzten Endes meine Produktivität aus der unmittelbarsten Bewunderung des Lebens, aus dem täglichen unerschöpflichen Staunen vor ihm hervorgeht (wie wäre ich sonst zu ihr gekommen?), so sähe ich auch darin eine Lüge, sein mir Zuströmen irgendwann abzulehnen; jede solche Versagung muß auch schließlich innerhalb der Kunst selbst, mag sie potentiell noch so viel durch sie gewinnen, als Härte zum Ausdruck kommen und sich rächen: denn wer sollte auf einem so empfindlichen Gebiet ganz offen und zusagend sein, wenn er dem Leben gegenüber eine mißtrauische, einschränkende und beängstigte Haltung hat! – So lernt man, ach wie langsam, das Leben geht über lauter ›Anfangsgründen‹ hin . . .«

(*Briefe 1914-1921, S. 381*)

In den Jahren kurz vor dem Ersten Weltkrieg begann bei Rilke jene schon erwähnte Epoche fast völliger Unfruchtbarkeit, die sich über eine so lange Zeit erstrecken sollte. Die Erschütterungen, die er da erlebte, waren so gewaltig, daß er kaum noch einen Ausweg sah. Ihm wurde nahegelegt, einmal den Versuch einer psychoanalytischen Behandlung zu machen, um die furchtbaren Depressionen, die seine Gesundheit aufs schwerste bedrohten, zu überwinden. Er ist selber mit diesem Gedanken wiederholt umgegangen – lehnte ihn aber schließlich mit aller Entschiedenheit ab. So spricht er davon, daß ein solcher Eingriff, der nicht vom Leben selbst getan ist, eine Korrektur der ganzen bisher beschriebenen Seite Leben wäre, die er sich dann so rot durchverbessert denken müsse wie ein Schulheft. Oder an anderer Stelle:

»Nämlich, ich bin über die ernstesten Erwägungen zu dem Ergebnis gekommen, daß ich mir den Ausweg der Analyse nicht erlauben darf, es sei denn, daß ich wirklich entschlossen wäre, jenseits von ihr, ein neues (möglicherweise unproduktives) Leben zu beginnen, ein Wechsel, den ich mir ja manchmal beim Abschluß des Malte Laurids Brigge und öfters seither in müden Stimmungen, als Belohnung gewissermaßen alles Ausgestandenen, versprach. Nun muß ich mir aber zugeben, daß es mit solchen Plänen nie ganz ernst gewesen ist, daß ich mich vielmehr, hinter solchen Ausflüchten, doch unendlich stark an das einmal begonnene, an alles Glück und alles Elend, das es mit sich bringt, gebunden fühle, so daß ich, strenggenommen, keinerlei Änderung wünschen kann, keinen Eingriff von außen, keine Erleichterung, es sei denn die im Überstehen und in der endlichen Leistung einheimische. Vielleicht sind gewisse meiner neulich ausgesprochenen Bedenken sehr übertrieben; so viel, wie ich mich kenne, scheint mir sicher, daß, wenn man mir meine Teufel austriebe, auch meinen Engeln ein kleiner, ein ganz kleiner (sagen wir) Schrecken geschähe, und – fühlen Sie – gerade darauf darf ich es auf keinen Preis ankommen lassen.«

(Briefe 1907-1914, S. 182)

Wer einige Erfahrungen über die Wirkung von psychoanalytischen Behandlungen gesammelt hat, wird wissen, wie treffend die Bemerkungen Rilkes dazu sind. Er will die Arbeit, die ein anderer dabei für ihn leisten würde, selber vollbringen, ohne seiner höheren, göttlichen Natur damit Unrecht zu tun. Es kann nur geschehen durch die Bejahung alles

Dunklen und Schmerzlichen und durch die Verwandlung der dunklen Erdenschwere in die Schwerelosigkeit des Geistig-Lichtvollen.

»Ich bin in der Puppe, liebe Freundin, es weht wie Altweibersommer in meiner Stube herum, von alledem, was ich tagsüber und nachtüber ausspinne, mich einwickelnd, daß ich schon nicht mehr kenntlich bin. Warten Sie, bitte, bitte, auf den nächsten Schmetterling, Sie haben im Herbst gesehen, in Berlin, wie trist und abscheulich die Raupe war, ein Greuel. Kommt kein Schmetterling heraus am Ende, – auch gut, so bleibe ich in dieser Filzerei stecken und träume so still für mich von dem grandiosen Trauermantel, der zu werden ich einstens etwas Aussicht hatte. Flieg ich nicht aus, so fliegt ein anderer, der liebe Gott will nur, daß geflogen wird; wers gerade besorgt, dafür hat er nur ein ganz vorübergehendes Interesse.«

(Briefe 1907-1914, S. 313)

LIEBE UND GEMEINSCHAFT

». . . Nur vom Tode her läßt sich der Liebe
gerecht werden . . .«

Unser Zeitalter ringt wie kaum ein früheres um eine neue Form der menschlichen Gemeinschaft. Die alten, naturgegebenen Bindungen sind längst dahin, der einzelne Mensch fühlt sich in sein Eigenwesen hineingebannt und sieht sich von anderen Menschen durch hohe Mauern getrennt. Das Evangelienwort scheint seine Erfüllung gefunden zu haben: »Ihr werdet zerstreut werden ein jeder in sein Einzelsein . . .« Dieser Tatsache der Vereinsamung des Menschen steht in Rußland der gigantische Versuch gegenüber, ein Kollektiv-Menschentum zu züchten, in dem die einzelnen Persönlichkeiten zu einer Masse von Gattungsexemplaren zusammengeballt werden. Es ist klar, daß diese Gruppierung der Menschen das wahre Menschentum ebenso vernichten müßte wie die Fortdauer der völligen Zersplitterung menschlicher Gemeinschaft durch den radikalen Individualismus. Zwei Dinge dürften heute wohl von einem großen Teil der Kulturmenschheit als gesichert angesehen werden: die Tatsache der Einmaligkeit und Einzigartigkeit eines jeden Menschen-Ich und die Notwendigkeit echter Gemeinschaft. Aber zwischen beidem scheint ein Abgrund zu klaffen: Der Egoismus will keine Gemeinschaft aufkommen lassen, und die Zusammenfassung größerer Menschenmassen scheint der Entfaltung der Persönlichkeit zu widersprechen. Es fehlt gewiß nicht an klugen Ideen und Versuchen, aus dieser Not herauszuführen. Aber die Tatsachen belehren uns, daß mit Theorien und Gewaltlösungen nichts erreicht wird.

Wir werden bei Rilke kaum eine Antwort finden, die eine Generallösung dieses Lebensproblems im Großen zu sein beansprucht, aber wir können bei ihm wirkliche Weisheitsworte finden über jenes Band, das über alle Trennungen hinweg die Menschen miteinander zu verbinden vermag: die Liebe.

Es gibt wohl wenige Dinge der Welt, über die von alters her so viel gesprochen und geschrieben wurde wie über die Liebe. In allen Tonarten ist über sie abgehandelt worden: weise und töricht, innig und sentimental, ehrfürchtig und zynisch. Wer heute aufsteht, um über die Liebe zu sprechen, der wird es schwer haben, etwas Wesentliches über sie zu sagen, das nicht längst ausgesprochen ist. Ja, vielleicht läßt sich seit dem »Hohenlied« der christlichen Apostelfürsten nichts Größeres und Tieferes mehr darüber sagen. Rilke hat das Verdienst, von der Liebe so gesprochen zu haben, daß die ewigen Wahrheiten über sie für uns heutige Menschen wieder neu und mächtig erklingen.

Rilke hat es gewiß oft nicht leicht gehabt, sich selber in die bestehenden Formen der menschlichen Gemeinschaft einzugliedern. Er war ein einsamer Mensch, der es vielleicht auch den anderen nicht immer leicht gemacht hat, ihn verstehend in ihre Kreise aufzunehmen. Aber es spricht nicht gegen ihn, sondern alles für ihn, wenn er darstellt, warum für ihn die Verbindung zu anderen Menschen oft so schwer war: »Und dann: ich habe kein Fenster auf die Menschen, endgültigerweise, Sie geben sich mir nur insoweit, als sie in mir selbst zu Worte kommen, und da teilen sie sich mir während dieser letzten Jahre fast nur aus zwei Gestalten mit, von denen aus ich im Großen auf die Menschen zurückschließe. Was zu mir vom Menschlichen redet, immens, mit einer Ruhe der Autorität, die mir das Gehör geräumig macht, das ist die Erscheinung der Jungverstorbenen und unbedingter noch, reiner, unerschöpflicher: *die Liebende*. In diesen beiden Figuren wird mir Menschliches ins Herz gemischt, ob ich will oder nicht.«

(Briefe 1907-1914, S. 175)

Es sind vor allem einige edle Frauengestalten der Geschichte, in denen er die großen Liebenden bewundert: eine Gaspara Stampa, Louise Labé und Marianna Alcoforado. Von ihnen spricht er in zahlreichen Briefen, die sie als Vorbilder echter Liebe preisen. Überhaupt sieht er in der Frau die größere Möglichkeit zu der Liebe, wie er sie allein anerkennt. Der Mann habe bisher noch nicht bewiesen, daß er der echten Liebe fähig sei. So sah Rilke in dem Manne, dem die Liebe der Alcoforado galt, nur eine nebensächliche Figur, dessen »törichte Eitelkeit die Natur benutzte, um die Briefe der Portugiesin zu erhalten«. Da war der »Mann, als Geliebter, abgetan, erledigt, *durchgeliebt* – und wenn man es so rücksichtsvoll sagen soll, durchgeliebt, wie ein Handschuh durchgetragen ist. Und es ist ein Wunder, daß der Mann so lange gehalten hat, da er doch immer nur mit seinen dünnsten Stellen an der Liebe beteiligt war. Was spielt er in der Geschichte der Liebe für eine triste Figur . . .« »Der Fall der Portugiesin«, fährt Rilke fort, »ist so wunderbar rein, weil sie die Ströme ihres Gefühls nicht ins Imaginäre weiter wirft, sondern mit unendlicher Kraft die Genialität dieses Gefühls in sich zurückführt: es ertragend, sonst nichts. Sie wird alt im Kloster, sehr alt, sie wird keine Heilige, nicht einmal eine gute Nonne. Es widerstrebt ihrem seltenen Takt, an Gott anzuwenden, was nicht von Anfang an für ihn gemeint war und was der Graf von Chamilly verschmähen durfte. Und doch war's fast unmöglich, den heroischen Ablauf dieser Liebe vor dem Absprung aufzuhalten und über einer solchen Vibration des innersten Daseins nicht zur Heiligen zu werden. Hätte sie, diese über die Maßen Herrliche, – einen Moment nachgegeben, sie wäre in Gott hineingestürzt wie ein Stein ins Meer, und hätte es Gott gefallen, an ihr zu versuchen, was er beständig an Engeln tut, daß er ihr ganzes Strahlen wieder in sie zurückwirft –: ich bin sicher, sie wäre auf der Stelle, wie sie da stand, in diesem traurigen Kloster, – Engel geworden, innen, in ihrer tiefsten Natur.«

(Briefe 1907-1914, S. 176)

An diesen Worten wird schon deutlich, daß Rilke die Liebe in einer Tiefe aufgefaßt wissen wollte, in der alle kleinlich-egoistische Befriedigung ausgeschlossen bleibt. Wer in der Liebe nur die eigene Beseligung erleben will, wird Rilke hierin nicht verstehen, wenn er sagt, daß die Liebe eigentlich Arbeit ist, die in der Einsamkeit geleistet werden muß: »Darum können junge Menschen, die Anfänger in allem sind, die Liebe noch nicht: sie müssen sie lernen. Lernzeit ist aber immer eine lange, abgeschlossene Zeit, und so ist Lieben für lange hinaus weit ins Leben hinein –: Einsamkeit, gesteigertes und vertieftes Alleinsein für den, der liebt. Lieben ist zunächst nichts, was aufgehen, hingeben und sich mit einem Zweiten vereinen heißt (denn was wäre eine

Vereinigung von Ungeklärtem und Unfertigem, noch Ungeordne-
tem –?), es ist ein erhabener Anlaß für den Einzelnen, zu reifen, in
sich etwas zu werden, Welt zu werden, Welt zu werden für sich um
eines anderen willen, es ist ein großer unbescheidener Anspruch an ihn,
etwas, was ihn auserwählt und zu Weitem beruft. Nur in diesem Sinne,
als Aufgabe an sich zu arbeiten (»zu horchen und zu hämmern Tag und
Nacht«) dürfen junge Menschen die Liebe, die ihnen gegeben wird, gebrauchen. Das Aufgehen und das Hingeben und alle Art der Gemeinsamkeit ist nicht für sie (die noch lange, lange sparen und sammeln
müssen), ist das Endliche, ist vielleicht das, wofür Menschenleben jetzt
noch kaum ausreichen.«

(Briefe an einen jungen Dichter, S. 37)

Die Liebe, die Rilke meinte, ist nicht die rauschhafte von Seele zu
Seele, sondern die geistig erfüllte, von Ich zu Ich, in der »jeder den
andern zum Wächter seiner Einsamkeit bestellt«. Es ist eine Kraft,
die dem Menschen die Möglichkeit gibt, den anderen immer »vor einem
großen Himmel« zu sehen. Mit anderen Worten: Nur *die* Liebe hat
volle Gültigkeit, die in das menschlich-irdische Verhältnis das Göttlich-
Geistige einbezieht, die dem andern hilft, sein »höheres Ich« zu ent-
falten und für den Geist aufzuschließen. Diese Liebe wird auch die
äußere Trennung ertragen können, weil sie den anderen als einen Wer-
denden und Sich-Verwandelnden bejaht. Wie wir einander im Tode
»ganz und gar lassen müssen, so müssen wir strenggenommen, einander
jeden Augenblick aufgeben und weiterlassen und nicht zurückhalten«.
Dann werden wir die Einsicht ahnen, »daß man sogar dieses scheinbar
Gemeinsamste, das die Liebe ist, nur allein, abgetrennt, ganz ausent-
wickeln und gewissermaßen vollenden kann; schon deshalb, weil man
im Zusammenschluß starker Neigungen eine Strömung von Genuß
erzeugt, die einen hinreißt und schließlich irgendwo auswirft, während
dem in sein Gefühl Eingeschlossenen die Liebe zu einer täglichen Arbeit wird an sich selbst und zu einem fortwährenden Aufstellen kühner
und großmütiger Anforderungen an den anderen. Wesen, die einander
so lieben, rufen unendliche Gefahren um sich auf, aber sie sind sicher
vor den kleinen Gefährlichkeiten, die so viele Gefühlsanfänge ausge-

franst und zerbröckelt haben. Da sie einander immerfort das Äußerste wünschen und zumuten mögen, kann keiner dem anderen durch Beschränkung unrecht tun; im Gegenteil, sie erzeugen sich gegenseitig unaufhörlich Raum und Weite und Freiheit, genau wie der Gottliebende für Gott zu allen Zeiten Fülle und Vollmacht aus seinem Herzen ausgeworfen und in den Tiefen des Himmels gegründet hat. Dieser erlauchte Geliebte hat die vorsichtige Weisheit, ja (es kann nicht mißverstehbar sein, es so zu sagen) die edle List gebraucht, sich nie zu zeigen, so daß die Liebe zu Gott zwar in einzelnen, ekstatischen Seelen zu eingebildeten Momenten des Genusses führen konnte, – aber doch, ihrem Wesen nach, ganz und gar Arbeit geblieben ist, härtester Taglohn und schwierigste Bestellung.

Messen Sie doch aber an dieser Liebe, an ihrer Großartigkeit und ihrem Ertrag durch die Zeiten hin jeden Liebesversuch, der weniger einsam, weniger verzweifelt, wenn Sie wollen, – der befriedigter war: so werden Sie (nicht mehr erschrocken, nein unbeschreiblich zustimmend, im glücklichen Schrecken höchstens) zugeben, daß auch zwischen Menschen nur diese gewaltigste Liebe recht hat, die einzige, die diesen Namen verdient.«

(Briefe 1907-1914, S. 80)

Als Maßstab für jede gültige Liebe betrachtet Rilke, ob man geneigt ist, den anderen »an die Tore der eigenen Tiefe zu stellen, von der er nur erfährt durch das, was, festlich gekleidet, heraustritt aus dem großen Dunkel«. Darum liegt es in der »Natur jeder endgültigen Liebe, daß sie früher oder später den Geliebten nur noch im Unendlichen erreichen mag«. Damit sind die Grenzen des Irdischen durchbrochen: Der Mensch hat die Maßstäbe für jede irdische Gemeinschaft aus einer höheren Welt zu suchen. Und insbesondere die Ehe, als die engste Form einer Erdengemeinschaft, muß die Grundlagen ihrer Existenz in jenem Reiche aufsuchen, in dem wir vor der Geburt und nach dem Tode wandeln. Ehen werden im Himmel geschlossen, sagt man, aber dieses Wort ist zum Gespött geworden, weil man keine Verbindung mehr zum »Himmel« hat oder nur jene verlogen-sentimentalen Vorstellungen über ihn kennt, wie sie leider gerade von vielen Vertretern eines überlebten Christentums gepredigt worden sind. Und doch besteht dieses Wort zu Recht und steht mahnend und richtend über jeder Ehe. Nur wenn jene Entschlüsse, die wir als geistige Wesen vor der Geburt gefaßt haben, bevor wir zur Erde niedergestiegen sind, als wirkende Faktoren in die Ehegemeinschaft aufgenommen werden, erfüllt sich der hohe Sinn der Liebe. Das Eheproblem und die Not, die heute mehr denn je auf diesem Gebiet herrscht, wird, wie das Gemeinschaftsproblem überhaupt, nur von hier aus eine Lösung erfahren können. Jede Art von Gemeinsamkeit wird ihre Erfüllung erst finden können, wenn sich wieder ein gemeinsamer Himmel des Geistes über den Häuptern der Menschen wölbt und in ihren Herzen Wohnung nimmt. Mit diesem Himmel des Geistes ist aber nicht irgendein erträumter, ferner und subjektiver Ort unserer Sehnsucht gemeint, sondern die tätige Welt schaffender und wirkender Geistwesen, die unsichtbar fortwährend in unser Erdendasein einbezogen ist. Zu ihr gehörten wir selber vor unserem Erdenleben, zu ihr werden wir wieder zurückkehren nach dem Tode. Darum muß Rilke die Liebe als dem Tode benachbart empfinden. »Nur vom Tode her (wenn man ihn nicht als ein Abgestorbensein gelten läßt, sondern ihn vermutet als die uns durchaus übertreffende Intensität –), nur vom Tode, mein ich, läßt sich der Liebe gerecht werden. Aber auch da ist uns überall die übliche Auffassung dieser Größen beirrend im Wege.«

(Briefe an eine junge Frau, S. 22)

Die übliche Auffassung vom Tode vermag nicht zu erkennen, daß in jenem rein geistigen Zustand nach dem Tode die Menschenwesenheit erst in ihrer vollen, ungehinderten Entfaltung wirksam wird. Dort wird die Kraft der Liebe, die hier auf Erden oft nur eine untergeordnete, womöglich entbehrliche Rolle spielt, die eigentliche Lebensluft und -nahrung bilden, ohne die der Geist verkümmern müßte:

> »Denn das ist der Geister Nahrung,
> die im freisten Äther waltet:
> Ewigen Liebens Offenbarung,
> die zur Seligkeit entfaltet.«

Das Menschenleben hier auf Erden empfängt seine Weihe aus diesem erhöhten Daseinszustand der geistigen Wesen. Ohne diese Weihe müßte es zufällig und unbegreiflich bleiben. Darum läßt erst der geistig hochstehende Mensch erkennen, wie das Leben eigentlich sein sollte: »Ich kann nicht anders, als im Menschlichen immer gleich bis an den Heiligen hindenken (in dem erst mir alles begreiflich und notwendig wird) . . .«

(Briefe 1907-1914, S. 273)

Und so bekennt Rilke von sich: . . . »da ich mich, von Dingen und Tieren gründlich herkommend, danach sehnte, im Menschlichen ausgebildet zu sein, da wurde mir, siehe das Übernächste, das Engelische beigebracht, und darum habe ich die Leute übersprungen und schau zu ihnen zurück mit Herzlichkeit«.

(Briefe 1907-1914, S. 275)

Um im »Menschlichen ausgebildet« zu sein, d. h. um ein gemeinschaftsfähiges, soziales Wesen zu werden, muß der Mensch eigentlich immer diesen Sprung in das nächst höhere Dasein machen. Dort liegen die Quellorte echter Gemeinschaft, aus denen sie gespeist werden kann. Alle Menschengemeinschaft steht immer in Gefahr, den dunklen Gewalten der Triebhaftigkeit zu verfallen, wenn nicht das höhere Engelwirken gesucht und aufgenommen wird. Darum kann menschliche Gemeinschaft nur durch die Liebe verwirklicht werden, in der die Vollmacht des Geistes schöpferisch tätig ist.

WANDLUNG

*»Was, wenn Verwandlung nicht, ist dein drängender Auftrag?
Erde, du liebe, ich will.«*

Die persisch-manichäische Legende erzählt von dem Kampf zweier
Welten, dem Lichtreich und dem Finsternisreich, das allem Welt- und
Menschengeschehen zugrunde liegt. Das lichte Reich des Guten kann
nicht mit denselben Waffen kämpfen, mit denen die Dunkelmächte
streiten. Darum entschließen sich die Wesen dieser Lichtwelt dazu,
einen aus ihrer Mitte auszusenden, der sich opfernd wie ein Keim des
Lichtes in die Dunkelwelt des Bösen hineinsenken soll, um von innen
her allmählich die Finsternis zu durchlichten und zu erlösen.

In diesem Bilde erkennen wir einen der höchsten sittlichen Impulse der
Menschheit, der prophetisch wirkend bereits im alten Persertum gelebt
hat[*], in Christus Wirklichkeit und Gestalt annahm und in dem zumeist
verkannten und verketzerten Manichäismus weitergetragen wurde.

Goethe hat diesen christlich-manichäischen Geistesimpuls in jenen be-
rühmten Worten von der dreifachen Ehrfurcht ausgesprochen: »Nun
ist aber von der dritten Religion zu sprechen, gegründet auf die Ehrfurcht vor dem, was unter uns ist; wir nennen sie die christliche, weil
sich in ihr eine solche Sinnesart am meisten offenbart; es ist ein Letztes,
wozu die Menschheit gelangen konnte und mußte. Aber was gehörte
dazu, die Erde nicht allein unter sich liegen zu lassen und sich auf einen
höheren Geburtsort zu berufen, sondern auch Niedrigkeit und Armut,
Spott und Verachtung, Schmach und Elend, Leiden und Tod als göttlich anzuerkennen, ja Sünde selbst und Verbrechen nicht als Hinder-
nisse, sondern als Fördernisse des Heiligen zu verehren und liebzuge-
winnen. Hiervon finden sich freilich Spuren durch alle Zeiten, aber

---

[*] Vgl. den Sonnenhymnus aus dem Avesta, übersetzt von H. Beckh in »Zara-
thustra«, Stuttgart 1927.

Spur ist nicht Ziel, und da dieses einmal erreicht ist, so kann die Menschheit nicht wieder zurück, und man darf sagen, daß die christliche Religion, da sie einmal erschienen ist, nicht wieder verschwinden kann, da sie sich einmal göttlich verkörpert hat, nicht wieder aufgelöst werden mag.«

Goethe, der allem Kirchenchristentum und aller dogmatischen Starrheit abhold war, erweist sich durch diesen Ausspruch als zutiefst mit dem Christus-Impuls verbunden. Denn nicht das theoretische Bekenntnis einzelner Lehrsätze macht den Christen, sondern die lebensmäßige Verbundenheit mit dem, was durch das Christus-Ereignis als tiefster Lebens- und Kraftimpuls begründet worden ist.

Man hat sich viel zu sehr daran gewöhnt, im Christentum eine Religion der Weltverneinung und der Askese zu sehen, weil eine bestimmte Epoche in der Entwicklung der christlichen Kirchen tatsächlich diese lebens- und naturfeindliche Einstellung vertreten hat. Noch heute wirkt diese mittelalterliche Stimmung, die ganz auf ein »Jenseits« gerichtet war, in den christlichen Kirchen nach.

Nietzsche hat diesem erdflüchtigen, nach der »Seligkeit« strebenden Christentum die Worte entgegengestellt: »Bleibt mir der Erde treu, meine Brüder«, und hat damit – so paradox es klingen mag – ein zutiefst christliches Wort gesprochen. Denn das Christus-Ereignis ist die höchste Bejahung der Erde: Christus kommt auf die Erde herab, lebt auf ihr in einem Menschenleib und überwindet die Todeskräfte, die den Menschen aus dem Erdendasein hinausreißen, um in einem neuen, vergeistigten Leib auf dieser Erde weiterzuwirken. Auch die sogenannte Himmelfahrt widerspricht dem Weiterwirken Christi auf Erden nicht. Ganz zu Unrecht hat man in diesem Geschehen ein Abschiednehmen von der Erde gesehen. Ein erneuertes Christentum sieht darin nur den Übergang des Christuswesens aus dem Sichtbaren in das unsichtbare geistige Teil der Erde: »Er ist seit dieser Zeit der Herr der Himmelskräfte auf Erden.« (Die alte, imaginativ-künstlerische Bildersprache sagt: »eine Wolke nahm ihn auf«).

Die Vergeistigung der Erde, ihre Verwandlung ins Himmlische, ist das Ziel des Christus-Wirkens.

Darum ist der Gedanke der Verwandlung des Bösen und Niederen,

wie ihn die Manichäer und Goethe vertreten haben, der eigentlich
christliche. Die Abtötung und Ausrottung des Niederen durch Askese
kann höchstens als Vorstufe zur Verstärkung der geistigen Kraft gewer-
tet werden. Dieser Weg der Weltverneinung ist darum auch in der
historischen Vorstufe zum Christentum, im Buddhismus, beheimatet.
Die mittelalterliche Natur- und Lebensfremdheit ist gewissermaßen ein
Aufgreifen buddhistischer Weltauffassung, in der Sprache der Natur-
wissenschaft ausgedrückt: die ontogenetische Wiederholung einer
Menschheitsstufe aus der phylogenetischen Entwicklungsreihe.
Da nun das Christentum von der überwiegenden Mehrzahl seiner
eigenen Vertreter auch heute noch in dem mittelalterlichen Sinne aufgefaßt wird, so kann es nicht wundernehmen, wenn die allgemeine Welt-
meinung in ihm immer noch eine erdflüchtige Jenseitsreligion sieht.
Solche Geister wie Goethe werden darum oft als Gegner des Christentums betrachtet und halten sich – wenn sie keine andere Auffassung
vom Christentum kennengelernt haben – auch womöglich selbst dafür.
Wenn auch daraus nicht abgeleitet werden darf, daß solche Persönlichkeiten, in denen der Impuls der Erdbejahung und Erdverwandlung
lebt, die eigentlichen und einzigen Vertreter wahren Christentums
seien, so dürfen sie doch als die Verkünder einer der zentralsten christlichen Wahrheiten angesprochen werden. In *diesem* Punkte sind sie
jedenfalls, auch wenn sie selber das weit von sich weisen würden, dem
Christus-Impuls näher als alle die Namens-Christen, die noch in der
mittelalterlichen Furcht vor der Erde und ihren Dunkelheiten befangen
sind. In vielen zukünftig gerichteten Geistern ringt sich heute dieser
objektive Christus-Impuls aus den Seelentiefen empor, auch wenn sie
im üblichen »theologischen« Sinne weit vom Christlichen entfernt
scheinen. Die Vertreter des Christentums hätten die Aufgabe, durch
die Anerkennung dieser an konfessionelle und kirchliche Grenzen nicht
gebundenen Wahrheit von der erdbejahenden und verwandelnden
Kraft des Christus einen der katastrophalsten Irrtümer über das Christentum wiedergutzumachen.
Es ist überaus beglückend nachzuerleben, wie kraftvoll Rilke den
Glauben an die Verwandelbarkeit alles bloß Irdischen verkündet hat.
Ein echt manichäischer Heilungs- und Wandlungswille lebt in manchem

seiner Worte. Der Weg der buddhistischen Verneinung ist ihm fremd. Während dieser in Krankheit, Alter, Trennung und Tod nur Leiden sieht, die dadurch überwunden werden können, daß der Weg zur Wiedergeburt auf Erden abgeschnitten wird, bekennt sich Rilke in einem Briefe an seine Frau, die sich mit den Buddha-Reden beschäftigt und ihm ein Exemplar zugeschickt hatte, zur Bejahung all des Schweren und Dunklen auf Erden:

»Du gehst jetzt so grade auf das Göttliche zu: nein, Du erfliegst es, über allem, in geradestem Flug, dem nichts dawider steht. Und ich bin dort gewesen, immer schon, schon als Kind, und komm gehend davon her und bin ausgesandt (nicht um's zu verkünden), um unter dem Menschlichen zu sein, um alles zu sehen, um nichts abzulehnen, keine der tausend Verwandlungen, in denen das Äußerste sich verstellt und schwärzt und unkenntlich macht. Ich bin wie einer, der Pilze sammelt und Heilkräuter unter den Kräutern; da sieht man gebückt und mit Geringem beschäftigt aus, während die Stämme ringsum stehen und anbeten. Aber die Zeit wird kommen, wo ich den Trank bereite. Und die andere, wo ich ihn hinaufbringe, in dem alles verdichtet ist und verbunden, das Giftigste und Tödlichste, um seiner Stärke willen; hinaufbringe zu Gott...«

(Briefe 1907-1914, S. 48)

Und wie tröstend und zusprechend kann er einem jungen Menschen schreiben, den die Abgründe des Irdischen erschreckten:

»Wir haben keinen Grund, gegen unsere Welt Mißtrauen zu haben, denn sie ist nicht gegen uns. Hat sie Schrecken, so sind es *unsere* Schrecken, hat sie Abgründe, so gehören diese Abgründe uns, sind Gefahren da, so müssen wir versuchen, sie zu lieben. Und wenn wir nur unser Leben nach jenem Grundsatz einrichten, der uns rät, daß wir uns immer an das Schwere halten müssen, so wird das, welches uns jetzt noch als das Fremdeste erscheint, unser Vertrautestes werden. Wie sollten wir jener alten Mythen vergessen können, die am Anfange aller Völker stehen; der Mythen von den Drachen, die sich im äußersten Augenblick in Prinzessinnen verwandeln; vielleicht sind alle Drachen unseres Lebens Prinzessinnen, die nur darauf warten, uns einmal schön und mutig zu sehen. Vielleicht ist alles Schreckliche im tiefsten Grunde das Hilflose, das von uns Hilfe will.«

(Briefe an einen jungen Dichter, S. 47)

Den höchsten künstlerischen Ausdruck von geradezu klassischer Schönheit hat der Wandlungswille Rilkes und seine Liebe zur Erde am Schlusse der 9. seiner »Duineser Elegien« gefunden:

> »Erde, ist es nicht dies, was du willst: unsichtbar
> in uns erstehn? – Ist es dein Traum nicht
> einmal unsichtbar zu sein? – Erde! unsichtbar!
> Was, wenn Verwandlung nicht, ist dein drängender Auftrag?
> Erde, du liebe, ich will. O glaub, es bedürfte
> nicht deiner Frühlinge mehr, mich dir zu gewinnen, einer,
> ach, ein einziger ist schon dem Blute zu viel.
> Namenlos bin ich zu dir entschlossen, von weit her.
> Immer warst du im Recht, und dein heiliger Einfall
> ist der vertrauliche Tod.
> Siehe, ich lebe. Woraus? Weder Kindheit noch Zukunft
> werden weniger . . . Überzähliges Dasein
> entspringt mir im Herzen.«

Wenn vieles oder vielleicht alles von den Dichtungen Rilkes einmal wird vergessen und verloren sein – dieses Wort wird gewiß weiterleben: »Was, wenn Verwandlung nicht, ist dein drängender Auftrag? Erde, du liebe, ich will.«

In diesen Worten ruht verborgen eine ganze Philosophie. Wir sind zum Glück nicht genötigt, die umfassende Lebensanschauung, die zusammengedrängt in den obigen lapidaren Versen schlummert, interpretieren zu müssen – mancher nur-ästhetische Rilke-Verehrer würde meinen, es sei hineingelegt und unterschoben: Rilke selber hat, sofern man nicht schon aus den vorangegangenen Zitaten seine erkenntnismäßige Einstellung dazu ersehen konnte, eine überraschend denkerisch klare Deutung in einem Brief gegeben.

Er spricht dort davon, wie die Dinge unseres Umgangs nur Vorläufigkeiten seien, aber doch die Mitwisser unserer Not und Freude. Darum dürften wir das Hiesige nicht herabsetzen und schlechtmachen, sondern gerade um seiner Vorläufigkeit willen innig in uns aufnehmen und verwandeln. »Verwandeln? Ja, denn unsere Aufgabe ist es, die vorläufige, hinfällige Erde uns so tief, so leidend und leidenschaftlich einzuprägen, daß ihr Wesen in uns ›unsichtbar‹ wieder aufersteht. *Wir sind die Bienen des Unsichtbaren.*«

Diesen Anschauungen liegt eine Weltauffassung zugrunde, die den Menschen nicht zum untätigen Zuschauer der Welterscheinungen macht, sondern ihm eine schöpferische Tätigkeit zuschreibt, die notwendig zum Weltganzen gehört, weil durch sie erst die Vollständigkeit des Daseins erreicht wird. Diese Fähigkeit ist, in einem umfassenden und tiefen Sinn gemeint, das menschliche Erkenntnisvermögen.

Darunter dürfen wir gewiß nicht das abstrakte Vorstellen verstehen, das nur einen Abklatsch der äußeren Welterscheinungen, eine Wiederholung dessen, was auch sonst erfaßbar ist, darstellt. Sondern es ist die großartige Fähigkeit des menschlichen Geistes, die vergängliche und nur ihre Außenseite uns darbietende Welt der Erscheinungen in ihrer wahren Wirklichkeit zu erfahren. Wer sich mit der bloß durch die äußeren Sinne erfahrbaren Hälfte der Welt begnügt, gleicht einem Menschen, der etwa im »Faust« nur eine vielfach variierte Anordnung der 25 oder 26 Buchstaben des Alphabets sehen würde. Die Anordnung dieser Buchstaben bedeutet etwas Höheres über sie selbst Hinausweisendes! So gilt es auch im Alphabet der Natur, der Erde und des Kosmos das Buchstabieren zu lernen, um die Sprache und den Sinn dieser Weltbuchstaben und Weltenworte zu erfassen. Der Menschengeist vermag in die scheinbar verborgenen Tiefen des äußeren Daseins einzudringen. Da beginnt das Irdische, das uns oft eine so unscheinbare Außenseite zeigt, in seiner inneren Lichtgestalt aufzuleuchten. Der Schleier, in den alles materielle Dasein eingehüllt erscheint, kann vom Geist des Menschen gelüftet werden, und es erscheint in göttlicher Glorie der geistige Urgrund aller Dinge. Wohin der Geist blickt, entzaubert er den übersinnlich leuchtenden Wesensgehalt, der in die Verkleidung des Materiellen hineingebannt ist und darum unseren Erdenaugen nur verdunkelt erscheinen kann.

Aber die irdisch-sichtbare Welt ist nicht nur wie verzaubert, sondern sie unterliegt auch dem Wechsel und der Vergänglichkeit. Eine Pflanze macht beispielsweise zahllose Veränderungen auf ihrem Entwicklungsgang vom Samen zur Blüte und Frucht durch. Ihr wahres, überdauerndes Wesen ergibt sich nicht aus der bloßen Betrachtung; es bleibt unsichtbar und kann nur im Geiste des Menschen gefunden werden. Eine Rose kann in ihrer vollständigen Wesenheit auch dann ein lebendiges Dasein im menschlichen Geiste haben, wenn ihre sichtbare Erscheinung, wie im Winter, fast ganz verschwunden ist. Ja, ein jedes Ding, das einmal vom Menschen wahrhaft in sich aufgenommen und mit ihm verbunden ist, bleibt bestehen, auch wenn es äußerlich vergehen sollte. Hierbei ist nicht nur an das gewöhnliche Erinnerungsvermögen zu denken, sondern an die höhere Fähigkeit des Menschen, den unvergänglichen Teil alles Irdischen in das Ewige des Geistes einzugliedern.

Dieser Prozeß vollzieht sich, wenn wir mit der ganzen Hingabe, deren wir fähig sind, mit der ganzen Leuchtkraft unserer Erkenntnis, mit aller Liebe unseres Herzens und dem Feuer unseres Willens die Erscheinungen der Außenwelt in uns aufnehmen, durchleuchten, durchglühen und verwandeln und wenn wir das also Verwandelte zu einem Bestandteile unseres ureigensten Wesens machen. Durch diesen Vorgang können wir die Erde uns innerlich einverleiben. Die Magie des menschlichen Geistes entbindet und verwandelt den in die Materie verzauberten Geist und gibt ihn dem Göttlichen zurück. Aber nun bereichert und vermehrt um alles das, was der Mensch an ihm erlebt hat. Menschliches Erkenntnislicht, Liebe, Freude und Leid, alles, was der Mensch an der Erde erfahren und ihr zurückgeben kann im Fragen, Forschen und Finden, im Schaffen und Arbeiten, im Genießen und im Dienen – sie sind die Fermente, die, wie der Sauerteig das Brot, alles Irdische durchsetzen, verwandeln, durchläutern und verklären. Nichts anderes meint das Evangelium, wenn es sagt: »Ihr seid das Salz der Erde.« In einem ähnlichen Sinne, wie im täglichen Gebrauch das Salz als Konservierungsmittel vor der Fäulnis und Verwesung bewahrt, sind wir berufen, dasjenige von der Erde, was der Zersetzung und dem Vergehen entrissen werden kann, zu bewahren und in ein überdauerndes Sein zu erheben.

Dadurch erfahren die sichtbaren Gestaltungen der Erde eine Auferstehung im Bereiche des Unsichtbaren. So kann der Mensch die unsichtbaren Erdendinge mit der Substanz des Ewigen verklären. Wir bauen an einem höheren Dasein, das Erdenaugen unsichtbar ist, aber vollgültig im Geiste besteht. In diesem höheren vergeistigten Erdensein leben die Keime für eine zukünftige Welt. Kraft der in ihr ruhenden geistigen Spannung kann dieses unsichtbare Sein womöglich auch wieder aus dem Unoffenbaren ins Offenbare treten. Vielleicht, meint Rilke, wird dieser Geistteil der Erde sich einmal in neue sichtbare Erscheinungsformen umsetzen. »Da die verschiedenen Stoffe im Weltall nur verschiedene Schwingungsexponenten sind, so bereiten wir, in dieser Weise, nicht nur Intensitäten geistiger Art vor, sondern wer weiß, neue Körper, Metalle, Sternnebel, Gestirne... Die Erde hat keine andere Ausflucht, als unsichtbar zu werden: in uns, die wir mit einem Teil unseres Wesens am Unsichtbaren beteiligt sind, Anteilscheine (mindestens) haben an ihm, und unseren Besitz an Unsichtbarkeit mehren können während unseres Hierseins, – in uns allein kann sich diese intime und dauernde Umwandlung des Sichtbaren in Unsichtbares, vom Sichtbar- und Greifbar-Sein nicht länger Abhängiges vollziehen, wie unser eigenes Schicksal in uns fortwährend zugleich *vorhandener* und *unsichtbar* wird. Die Elegien stellen diese Norm des Daseins auf: sie versichern, sie feiern dieses Bewußtsein...«

In diesen Gedanken von der Verwandlung der Erde ins Geistige kulminiert die Weltanschauung Rilkes. Hier hat sein Gedankenflug eine geistige Höhe erreicht, auf die ihm nicht viele Menschen der Gegenwart werden folgen können. Die Vorstellung einer vergeistigten Erde wird inhaltlos bleiben müssen, solange man den Geist als etwas so Dünn-Abstraktes auffaßt, wie es der moderne Intellektualismus tut. Sie wird erst dann im Menschen innere Lebendigkeit gewinnen, wenn er den Geist als eine zwar andere als die materielle, aber ebenso und noch höher gesättigte Realität erleben kann.

Wir stehen nicht an, Rilkes dichterische Imagination einer ins Unsichtbare erhobenen Erde neben die apokalyptische Schau des Sehers Johannes zu stellen, der seine gewaltige Prophetie gipfeln läßt in dem Bild von der neuen Erde und dem neuen Himmel. Johannes spricht nicht die

Sprache unserer Zeit. Er schildert uns die neue Erde und den neuen Himmel im Bilde der heiligen Stadt, die in der »Doxa«, in der geistigen Lichtglorie des Göttlichen schimmert. Warum erscheint hier am Schlusse der Bibel dieses Bild von der Stadt? Wir erinnern uns des Anfanges der Erdgeschichte, wie sie die Bibel schildert: Es ist die Imagination eines paradiesischen Gartens, in dem der Mensch unschuldvoll genießend wohnen darf. Am Anfange der Erden-Menschheitsgeschichte steht der dem Menschen vom Göttlichen zubereitete Garten der Natur: Ein Geschenk und ein Auftrag! – Am Ende der Erdenentwicklung erscheint die Stadt, die nach »Menschenmaß« gebaut ist.

Das ist die Erfüllung des Auftrages vom Anfang: Die Natur ist durch Menschenwerk und -tat umgeformt worden zu einer durchgestalteten und wohlgebildeten Wohnstätte von Menschen, die in Gemeinschaft miteinander leben. Der Weg vom Garten zur Stadt ist der Weg des Menschen vom Geschöpf zum Schöpfer.

Der Apokalyptiker läßt keinen Zweifel darüber, daß diese Stadt für irdische Augen unsichtbar ist: Keiner äußeren Sonne noch des Mondes wird sie bedürfen, da das innere Licht des Geistes sie erleuchtet. Auch kein Tempel wird auf dieser neuen Erde stehen, in dem man wie jetzt auf Erden die uns abgekehrte und ferne Gottheit verehren wird, denn die göttlich-geistige Welt wird dort dauernd unter den Menschen anwesend und gegenwärtig sein.

Rilkes Bild von der neuen, unsichtbaren Erde, an deren Geist-Gestalt die Menschen arbeiten müssen, ist freilich nicht aus einer in gleicher Weise umfassenden geistigen Schau wie die Apokalypse geflossen, aber es enthält im Keim die Wesenszüge einer aus der Wahrheit stammenden Zukunftserkenntnis. Gewiß haften der Rilkeschen Vorstellungsart noch manche Merkmale des naturwissenschaftlichen Sprachgebrauchs an, so etwa, wenn er von den »Schwingungen« des Universums spricht. Und doch ist in dieser materialistisch überkleideten Vorstellung von der Entstehung neuer Welten eine tiefe Wahrheit verborgen. Das besonders Bedeutsame an Rilkes dichterischer Vision ist die Tatsache, daß er in völliger Selbständigkeit, nicht in der Terminologie irgendeiner vergangenen Epoche mit ihren oft überlebten, abgegriffenen oder mißverständlichen Begriffen und Bildern, sondern in der *Sprache der Gegenwart* spricht. Mit Recht verwahrt er sich darum gegen die Ausdeutung seiner Anschauungen durch katholische Begriffe. Wenn Rilke dagegen glaubt, sich mit den von ihm erläuterten Gedanken vom Christentum zu entfernen, so muß man sagen, daß hier auch bei ihm jenes oben erwähnte Mißverständnis vorliegt, indem er die zeitbedingten christlichen Kirchen und ihre Lehren mit dem eigentlichen Christentum verwechselt. So gilt das, was Rilke über das Christentum sagt, höchstens für die bisherigen, zeitbedingten Konfessionen:

»Die Vergänglichkeit stürzt überall in ein tiefes Sein. Und so sind alle Gestaltungen des Hiesigen nicht nur zeitbegrenzt zu gebrauchen, sondern, soweit wir vermögen, in jene überlegenen Bedeutungen einzustellen, an denen wir Teil haben. Aber *nicht im christlichen Sinne* (von dem ich mich immer leidenschaftlicher entferne), sondern in einem rein irdischen, tief irdischen, selig irdischen Bewußtsein gilt es, das *hier* Geschaute und Berührte in den weiteren, den weitesten Umkreis einzuführen. Nicht in ein Jenseits, dessen Schatten die Erde verfinstert, sondern in ein Ganzes, *in das Ganze.*«

(Briefe aus Muzot 1921-1926, S. 334)

In demselben Sinne ist es ein Irrtum, was Rilke über den Engel des christlichen Himmels zu denken scheint, wenn er sagt, daß der »Engel« der Elegien nichts mit dem Engel des christlichen Himmels zu tun habe, sondern eher den Engelgestalten des Islam gleiche.

Wie außerordentlich nahe Rilkes Anschauung von den Engeln der wahrhaft christlichen steht, geht vielleicht aus nichts so deutlich hervor wie aus jener Stelle der Apokalypse des Johannes, wo von dem Engel gesprochen wird, der mit goldenem Rohr die heilige Zukunftsstadt »nach Menschenmaß« ausmißt. Darum wird eine christliche Engelauffassung im Sinne des Apokalyptikers gar nicht daran denken können, die Engel in einen erdfernen Jenseitshimmel zu versetzen. Sie wird vielmehr die Engelaufgabe in der Verklärung des »Irdisch-Weltischen« Daseins sehen. Aber noch mehr: Der Apokalyptiker sieht den *Menschen* in unmittelbarer Nähe zu dieser Engelaufgabe, wenn er sagt, daß die »heilige Stadt« vom Engel »nach Menschenmaß« ausgemessen wird. Er bezeichnet durch dieses Bild den Menschen geradezu als den *Engel der Erde!* Zwar hilft der Engel dem Menschen und vollzieht vielleicht die letzte Verwirklichung beim Bau der neuen Erde, aber die entscheidenden Maße sind vom Menschenwesen bestimmt. Der Engel kann diese Hilfe leisten, so dürfen wir denken, weil er in anderen Weltbereichen früherer Daseinszustände diese Verklärung ins Übersinnliche schon geleistet hat. Darum stehen die Sätze, in denen Rilke seine Engelauffassung darlegt, in keinem Gegensatz zu einer sich selber nur richtig verstehenden christlichen Anschauung. Nur mit einem Unterschiede: der Engel ist im christlichen Sinne nicht schrecklich, denn er ist der Helfer des Menschen.

»Der Engel der Elegien ist dasjenige Geschöpf, in dem die Verwandlung des Sichtbaren in Unsichtbares, die wir leisten, schon vollzogen erscheint. Für den Engel der Elegien sind alle vergangenen Türme und Paläste existent, weil längst unsichtbar, und die noch bestehenden Türme und Brücken unseres Daseins schon unsichtbar, obwohl noch (für uns) körperhaft dauernd. Der Engel der Elegien ist dasjenige Wesen, das dafür einsteht, im Unsichtbaren einen höheren Rang der Realität zu erkennen. – Daher ›schrecklich‹ für uns, weil wir, seine Liebenden und Verwandler, doch noch am Sichtbaren hängen. – Alle Welten des Universums stürzen sich ins Unsichtbare, als in ihre nächsttiefere Wirklichkeit; einige Sterne steigern sich unmittelbar und vergehen im unendlichen Bewußtsein der Engel –, andere sind auf langsam und mühsam sie verwandelnde Wesen angewiesen, in deren Schrecken und Entzücken sie ihre nächste unsichtbare Verwirklichung erreichen. Wir sind, noch einmal sei's betont, im Sinne der Elegien, sind wir diese Verwandler der Erde, unser ganzes Dasein, die Flüge und Stürze unserer Liebe, alles befähigt uns zu dieser Aufgabe (neben der keine andere, wesentlich, besteht).«

(Briefe aus Muzot 1921-1926, S. 337 ff.)

So hat Rilke immer wieder die große geheimnisvolle Aufgabe des Menschen an der Erde in das Gegenwartsbewußtsein zu rücken versucht. Alles, was der Mensch sich liebend aneignet, hebt er dadurch aus der Vergänglichkeit heraus und verleiht ihm Dauer. Auch das Dunkle und Niedere kann durch diesen Aneignungsvorgang umge-

schmolzen und geläutert werden. Es bekommt eine neue Wirkensrich-
tung und wird als fördernde Kraft in den allgemeinen Weltenfortgang
einbezogen. Welch schöneres Bild könnte es dafür geben als jenes
Traumbild Rilkes, das die Fürstin Thurn und Taxis in ihren Erinnerungen wiedergibt:

»Er hält einen Klumpen feuchter, ekelerregender schwarzer Erde in
der Hand, empfindet zwar tiefen Abscheu, weiß aber, daß er diesen
Kot bearbeiten, gleichsam mit den Händen formen muß, und müht sich
widerwillig damit ab, als ob er ein Stück Ton vor sich hätte. Dann
nimmt er ein Messer; er muß einen dünnen Streifen des Klumpens
wegschneiden, und dabei sagt er sich, daß das Innere noch ekelhafter
als das Äußere sein wird; zögernd schaut er auf das Stück, das er
gerade bloßlegt, und da sieht er einen Schmetterling mit entfalteten
Flügeln, herrlich in der Zeichnung und in den Farben, ein wunder-
volles Schimmern von lebendigen Juwelen.«

(Marie Thurn und Taxis: Erinnerungen an Rainer Maria Rilke, S. 82)

GOTT UND WELT

»Der Gott, der uns in den Himmeln entfloh,
aus der Erde wird er uns wiederkommen.«

Rilke widerstrebte es, das Heilige und Hohe in der Sprache des
Begriffs auszudrücken. Er wollte es innerhalb der Sphäre des dichterischen Wortes bewahrt wissen.
Wie ein Erbe alter Mysterienanschauungen lebt in ihm eine keusche
Zurückhaltung gegenüber den Erfahrungen des Geistes. Er hütet sich,
sie dadurch zu entwerten und zu profanieren, daß er sie zu früh
ausspricht oder sie Unvorbereiteten ausliefert. Eine tiefe Abneigung
gegen die Anmaßlichkeit des zerpflückenden Intellekts läßt ihn das
ehrfürchtige Schweigen gegenüber dem Mysterium um so mehr pflegen.
Er weiß, daß die tieferen Wahrheiten in geduldigem Reifeprozeß
innerlich erwachsen müssen, daß sie nicht durch voreiliges Denken
aus dem Heiligtum der Seele gezerrt werden können, ohne zu schaden.
»Im übrigen gehört es zu den ursprünglichen Neigungen meiner
Anlage, das Geheime als *solches* aufzunehmen, nicht als ein zu Ent-
larvendes, sondern als das Geheimnis, das so bis in sein Innerstes, und
überall, geheim ist, wie ein Stück Zucker an jeder Stelle Zucker ist.
Möglicherweise, so aufgefaßt, löst es sich unter Umständen in unser
Dasein oder in unserer Liebe, während wir sonst nur eine mechanische
Zerkleinerung des Geheimsten erreichen, ohne daß es eigentlich in uns
überginge. Ich bin (das wäre am Ende die einzige Stelle an mir, wo
eine langsame Weisheit anzusetzen vermöchte) völlig ohne Neugier
dem Leben, meiner eigenen Zukunft, den Göttern gegenüber ... Was
wissen wir von den Jahreszeiten der Ewigkeit und ob gerade Erntezeit
wäre! Wie viele Früchte, die für uns gemeint waren oder deren Gewicht
es einfach mit sich gebracht hätte, daß sie uns zugefallen wären, – wieviel solcher Früchte haben neugierige Geister im Reifen unterbrochen,
eine voreilige, verfrühte Kenntnis, oft ein Mißverständnis, davontra-

gend, um den Preis einer zerstörten (späteren) Erbauung oder Er-
nährung.«

(Briefe 1921-1926, S. 282)

Die Zurückhaltung gegenüber der Welt des Geistes darf jedoch nicht
als eine Zurückweisung aufgefaßt werden. Rilkes Einschränkung be-
zieht sich mehr auf die Form des Eingehens auf übersinnliche Tatsachen
als auf ihre Inhalte. Diese will er in das Leben aufgenommen wissen:
»Wir müssen unser Dasein so *weit*, als es irgend geht, annehmen; alles,
auch das Unerhörte, muß darin möglich sein. Das ist im Grunde der
einzige Mut, den man von uns verlangt: mutig zu sein zu dem Selt-
samsten, Wunderlichsten und Unaufklärbarsten, das uns begegnen
kann. Daß die Menschen in diesem Sinne feige waren, hat dem Leben
unendlichen Schaden getan; die Erlebnisse, die man ›Erscheinungen‹
nennt, die ganze sogenannte ›Geisterwelt‹, der Tod, alle diese uns so
anverwandten Dinge, sind durch die tägliche Abwehr aus dem Leben
so sehr hinausgedrängt worden, daß die Sinne, mit denen wir sie fassen
könnten, verkümmert sind. Von Gott gar nicht zu reden...«

(Briefe an einen jungen Dichter, S. 46)

Er macht es den Religionen zum Vorwurf, daß sie diese Erlebnisse
verdrängt und den Menschen hätten entziehen wollen, statt sie zu
verklären. Darum seien die Religionen auch erloschen und zu bloßen
Moralinstitutionen geworden, die an der Peripherie des Lebens ein
mattes Dasein führen. Ihnen fehlt die Kraft, den leidenden Menschen
wahrhafte Tröstungen zu vermitteln. Wir brauchen den Trost, meint
Rilke, aber wir brauchen ihn nicht mehr von außen zu empfangen,
denn im Menschlichen selbst liegen die Quellen, aus denen uns Göttliches zuströmt.
»Denn ob es gleich keiner laut zugeben mag, Tröstungen täten not,
die großen unerschöpflichen Tröstungen, deren Möglichkeit ich oft
auf dem Grunde meines Herzens empfunden habe, fast erschrocken,
sie, die grenzenlosen, in so eingeschränktem Gefäße zu enthalten.
Es ist ja sicher, daß der göttlichste Trost im Menschlichen selbst enthalten ist, mit dem Troste eines Gottes wüßten wir wenig anzufangen;

sondern es müßte nur unser Auge eine Spur schauender, unser Ohr empfangender sein . . .«

(Briefe 1914-1921, S. 67)

Rilkes Art, auf die große Frage nach dem Göttlichen in der Welt zu antworten, darf vielleicht am ehesten der Goetheschen »Weltfrömmigkeit« an die Seite gestellt werden. (Vgl. Rudolf Meyer: Goethe, Der Heide und der Christ, Stuttgart 1963).

In dem Hauptwerk seiner Frühzeit, dem »Stundenbuch«, bewegt sich Rilke in einer allgemeinen, weithin flutenden Frömmigkeit, die, ihrer Form nach noch aus dem Erlebnis der russischen Glaubensinnigkeit geboren, inhaltlich schon die Liebe zur Erde und ihrem göttlichen Sinn verkündet. Dieser einmal angeschlagene Ton erklingt in allen seinen weiteren Äußerungen. Die Erde ist der Ort, wo wir das Göttliche suchen müssen, um dereinst darauf vorbereitet zu sein. Rilke berührt hier von ferne ein geistiges Gesetz, das manchem Gegenwartsmenschen unverständlich sein wird. Viele glauben, daß es hier im Leben nicht nötig sei, sich mit den Fragen eines übersinnlichen Daseins zu befassen. Sie meinen, daß sie nach dem Tode ja alles erfahren würden, was ihnen zu wissen not täte. Es ist ein folgenschwerer Irrtum, der solcher Gesinnung zugrunde liegt. Die Organe für das Geistige werden hier auf der Erde gebildet oder doch vorbereitet. Hat ein Mensch hier auf Erden den Geist aus seinem Gedanken- und Gefühlsleben ausgeschlossen, so werden ihm nach dem Tode die Organe fehlen, um die geistige »Umgebung«, in der er als Toter lebt, zu erkennen. Es wird gleichsam dunkel um ihn bleiben, und das Dunkel wird seine Seele belasten. Es ist das tragische Schicksal des materialistisch Denkenden, daß er nach dem Tode in schmerzhaft bedrückender Weise für seine Person gewissermaßen »recht behält« mit seiner Leugnung oder Ausschließung des Geistes. Der Erdenaufenthalt muß als die große Schule für den Geist betrachtet werden. Auch das unscheinbarste Erden-Erlebnis vermag uns, wenn wir es nur tief genug im Herzen erleben, auf eine hohe göttliche Zukunft vorzubereiten. Rilke schildert uns ein wundersam-inniges Erlebnis, das er selber in diesem Sinne deutet:

73

».. . Da es mein Los ist, gleichsam am Menschlichen vorbei, ans Äußerste zu kommen, an den Rand der Erde, wie neulich in Cordoba, wo eine kleine häßliche Hündin, im höchsten Grade vormutterschaftlich, zu mir kam; es war kein rühmliches Tier, und sicher war sie voll zufälliger Junge, von denen kein Aufhebens gemacht worden sein wird; aber sie kam, da wir ganz allein waren, so schwer es ihr fiel, zu mir herüber und hob ihre von Sorge und Innerlichkeit vergrößerten Augen auf und begehrte meinen Blick, – und in dem ihren war wahrhaftig alles, was über den Einzelnen hinausgeht, ich weiß nicht wohin, in die Zukunft oder ins Unbegreifliche; es löste sich so, daß sie ein Stück Zucker von meinem Kaffee abbekam, aber nebenbei, o so nebenbei, wir lasen gewissermaßen die Messe zusammen, die Handlung war an sich nichts als Geben und Annehmen, aber der Sinn und der Ernst und unsere ganze Verständigung war grenzenlos. Das kann doch nur auf Erden geschehen, es ist auf alle Fälle gut, hier willig zu sein, wenn auch unsicher, wenn auch schuldig, wenn auch ganz und gar nicht heldenhaft, – man wird am Ende wunderbar auf göttliche Verhältnisse vorbereitet sein.«   *(Briefe 1907-1914, S. 258)*

Aber auch diese Vorbereitung auf zukünftige göttliche Verhältnisse nach dem Tode genügt noch nicht. Wir müssen das Irdische selber in seiner Göttlichkeit zu erfahren suchen. Gott und Erde müssen wir in der Einheit denken und erleben können.
»Die Richtung auf Gott zu kann der Richtung zur Erde hin nicht entgegengesetzt sein. Es muß möglich sein, Gott zu dienen, ohne vom Leben abzufallen.«
Zahllos sind die Äußerungen Rilkes, die in dieser Richtung gehen:
»Die Liebe zum Leben«, schreibt er an Ellen Key, »und die Liebe zu Gott muß zusammenfallen, anstatt, wie jetzt, verschiedene Tempel auf verschiedenen Anhöhen zu haben; man kann Gott nur anbeten, indem man das Leben zur Vollkommenheit lebt. Ihm immer höhere Formen zu geben, einen immer reicheren Zusammenhang zwischen ihm und dem scheinbar Unbelebten herbeizuführen, das heißt Gott schaffen. Mit anderen Worten, Gott im Leben hinabsinken oder das Leben zu Gott emporblühen zu lassen.«

Aus dieser Grundhaltung kann man Rilkes Stellung zu den »Dingen« verstehen. Es ist oft als befremdend empfunden worden, daß er so seltsam von »Dingen« wie von beseelten Wesen spricht. Aber hier liegt gerade der Hauptstrom seiner Religiosität. Die »Dinge«, als da sind: Baum, Wolke, Stein, Wind und Teich, sind für ihn nicht tote, gleichgültige Gegenstände, sondern wie alles Geschaffene, ein Kleid der Gottheit, Offenbarung des Geistes. Gott »ist der Dinge tiefster Begriff«. Schiller hat einmal in seiner Schrift »Über naive und sentimentalische Dichtung« von den Dingen gesagt: »Wir lieben in ihnen das stille schaffende Leben, das ruhige Wirken aus sich selbst. Sie sind, was wir waren; sie sind, was wir wieder werden sollen. Wir waren Natur wie sie, und unsere Kultur soll uns, auf dem Weg der Vernunft und der Freiheit, zur Natur zurückführen ... Eine beständige Göttererscheinung umgeben sie uns ...«

Das ist es, was in Rilke wie eine Ur-Erinnerung aus paradiesischen Menschheitstagen lebt, wenn er so fromm von den unscheinbaren kreatürlichen Dingen spricht. Sie sind eine Manifestation des Göttlichen.

> »Ich finde dich in allen diesen Dingen,
>   denen ich gut und wie ein Bruder bin;
>   als Samen sonnst du dich in den geringen,
>   und in den großen gibst du groß dich hin.
>   Das ist das wundersame Spiel der Kräfte,
>   daß sie so dienend durch die Dinge gehn,
>   in Wurzeln wachsend, schwindend in die Schäfte
>   und in den Wipfeln wie ein Auferstehn.«

In den »Geschichten vom lieben Gott« kommt die Neigung des Dichters, im Unbelebten das Göttliche zu offenbaren, auf seine besondere Art zum Ausdruck. Mit einem von zartem verstehendem Humor durchwobenen Symbolismus wird in einer der Geschichten für die Kinder sogar der Fingerhut zum lieben Gott. In der Erzählung »Von einem, der die Steine belauscht« beobachtet Gott, wie Michelangelo an einem Stein lauscht und horcht. Und als Gott fragt, wer im Stein sei, antwortet er: »Du, mein Gott, wer denn sonst.«

Rilke fühlt wohl die bestehende Kluft zwischen Gott, Natur und Mensch, aber er versucht sie durch seine Betrachtung der Dinge zu überbrücken. Er will das Urbildliche in allen Einzelheiten des Daseins finden.

»Alle Dinge sind ja dazu da, damit sie uns Bilder werden in irgendeinem Sinn. Und sie leiden nicht dadurch, denn während sie uns immer klarer aussprechen, senkt unsere Seele sich in demselben Maße über sie ...«

(Briefe 1899-1902, S. 17)

Aber wie unendlich schwer ist es, die Urbildlichkeit des Seins zu erkennen! Wir leben nicht mehr in jenem Bewußtseinszustand, den die Bibel bildhaft andeutet, wenn sie vom Paradies spricht. Uns ist es nicht mehr gegeben, wie in den Urzeiten die Gottesstimme im Garten der Natur zu verstehen – auch wenn wir sie manchmal noch von ferne zu hören glauben. Die Natur ist uns zum »offenbaren Geheimnis« geworden, vor dem wir ohne Schlüssel stehen. Sie selber enthüllt uns ihr Geheimnis nicht.

»Die Natur ist nicht fähig, an einen heranzureichen, man muß die Kraft haben, sie umzudeuten und anzuwerben, sie, gewissermaßen, ins Menschliche zu übersetzen, um ihren mindesten Teil zu sich zu beziehen ...«

(Briefe an eine junge Frau, S. 6)

Aber wie ist das möglich?

Goethe hat das Gleichnishafte alles Vergänglichen forschend zu enthüllen gesucht. Seine Studien führten ihn in der Betrachtung der Pflanzenwelt bis zum schauenden Erleben der »Urpflanze«. Er hat in seiner Metamorphosen-Lehre einen Schlüssel zum Reiche der Urbilder hinterlassen, in das wir eintreten können, wenn wir uns in seinem Sinne schulen.

Bei Rilke bleibt die Verkündigung der Urbildlichkeit aller Dinge innerhalb des Bereiches der dichterischen Ahnung. Seine Dichtungen sind nicht nur selber transparent für das Übersinnliche, sie wirken verwandelnd auf den kunstoffenen Menschen. Er weiß im Leser ein

Organ zu erwecken, mit dem der hinter und in den Dingen waltende Geist gefühlt werden kann.

Es ist, als sähe er über allem Geschaffenen noch den Geist Gottes schweben; als wäre er in die Urweltstille vor der Schöpfung zurückversetzt. Dieses Erleben führt ihn zum Anerkennen eines einheitlichen Weltengrundes, aus dem alles hervorgegangen ist. Rilkes Verhältnis zum Göttlichen könnte in diesem Sinne als ein *Vater*-Erlebnis bezeichnet werden.

Schaut der Mensch auf den Ursprung der Dinge, so ist er der *Vergangenheit* zugewandt und erlebt ahnend den väterlichen Urgrund alles Seins. Wir haben oben in der Darstellung der Idee der Wandlung gesehen, wie Rilke im Blick auf die *Zukunft* die Notwendigkeit einer Vergeistigung alles Irdischen verkündet. So ergibt sich uns eine doppelte Einstellung zur Welt: In die Vergangenheit zurückschauend erlebt er den göttlichen Ursprung der Erde; indem er seinen Blick auf die Zukunft lenkt, sieht er als höchstes Ziel wiederum die Einmündung alles Irdischen in den göttlichen Daseinskreis. Zwischen diesen beiden rein geistigen Zuständen befindet sich der jetzige Erdenzustand, in dem wir Menschen leben. Der einstige Ursprung ist uns nicht mehr völlig erlebbar, und die Zukunftsschau einer vergeistigten, unsichtbaren Erde ist noch nicht erfüllt. In dieser Spannung lebt der Mensch und stößt sich an den oft harten, unerbittlichen Gegebenheiten der heutigen entgöttlichten Erde mit all ihrem Ungeist, dem Leid, der Not und den Anfeindungen des Bösen.

Der Blick auf eine göttliche Vergangenheit ist zwar erhebend und tröstend – aber er ändert an den jetzigen Tatsachen nichts und verwirklicht allein noch nicht den zukünftigen Geisteszustand der Erde. Es ist merkwürdig, daß Rilke diesen Spannungszustand des heutigen Seins wohl gefühlt, aber nicht in seiner vollen Bedeutung erkannt hat. Ihm fehlt die Brücke zwischen den beiden Bereichen. Er hat nicht klar erkannt, daß ein Element nötig ist, das innerhalb der Gegenwart den vergangenen und den zukünftigen Weltzustand miteinander verbindet. Dieses verbindende Geist-Element ist der im Menschen innerhalb seiner Seele wirkende Geist, der seinem Ich zugehört, aber weit über dieses Ich in das Göttliche hinauffragt. Wir haben ihn oben das »höhere Ich«

genannt. Haben wir den Anfangszustand als das »Weltalter des Vaters«
bezeichnet, so dürfen wir den Endzustand das »Weltalter des Geistes«
nennen. Zwischen beiden besteht das »Weltalter des Sohnes«*.

Im »Zeitalter des Sohnes« walten diejenigen Kräfte, die den Menschen
befähigen, die Erde aus dem Chaos der materiellen Verfinsterung im
Sinne ihres Ursprungs in das Reich des Geistes emporzuführen. Diese
Weltenkraft sieht das Christentum verkörpert in Christus, der am Beginn unserer Zeitrechnung als Mensch über die Erde gegangen ist. Das
Entscheidende an ihm aber ist nicht seine menschliche Hülle, sondern
das in dieser Hülle einst lebende Geistwesen. Dieses geistig-göttliche
Urwesen ist gleichsam die Grundsubstanz, aus der das »höhere Ich«
des Menschen gebildet wird. Das »höhere Ich« jedes einzelnen Menschen ist mit ihm identisch etwa in dem gleichen Sinne, wie man sagen
kann: der Wassertropfen ist gleichen Wesens mit dem Meer. Die
Christus-Wesenheit, die so als höheres Ich in der Seele als individuelle
Geistgestalt sich in das Licht des Bewußtseins heraufarbeitet, ist die
gleiche, wenn auch verwandelte göttliche Kraft, die dereinst die Schöpfung der Erde verwirklicht hat. Sie ist deshalb auch weder die Erfin-
dung noch das Sondergut irgendeiner speziellen religiösen Gemeinschaft, sondern umspannt *alle* Menschen. Sie hat sich in der wahren
christlichen Kirche, die nicht an Konfessionen gebunden ist, ein be-
sonderes Organ ihrer Wirksamkeit geschaffen.

Es ist die Tragik unserer Zeit, daß sie diesen hohen, weltumspannen-
den Begriff des Christus-Wesens in einem kleinlichen Sinn einge-
schränkt hat. Der Jesus von Nazareth als der fromme Mann, der vor-
bildliche Dulder, der Weisheitslehrer, der Religionsstifter, wie er
zumeist dargestellt wird, ist nicht der Christus, wie er hier gemeint ist.
Dieser ist weitaus mehr: Er ist die göttliche Wirkenskraft, das geistige
Schaffenselement selbst in einem erd- und menschheitsumfassenden
Sinn. –

Rilke hat eine solche Auffassung vom Christentum wohl nie kennen-

* Mit diesen Bezeichnungen ist nichts »Theologisch-Dogmatisches« gemeint,
sondern nur der geistige Tatbestand, wie wir ihn skizziert haben. Er läßt sich
sachgemäß am besten und eindeutigsten durch diese fast allen Religionen
geläufige Trinitäts-Vorstellung benennen.

gelernt. Er hat immer nur von dem Jesus der Kirchen gehört und fühlte sich nicht zu unrecht davon abgestoßen. Dadurch ist ihm die Erkenntnis verbaut worden, daß die unserem höheren Ich einwohnende Gottheit identisch ist mit dem Christus, der wiederum die Verwandlung der Erde ins Geistige ermöglicht. Unbewußt hat Rilke also, indem er von der Verwandlung der Erde gesprochen hat, die vom Menschen geleistet werden muß, an dieses Geheimnis gerührt. Aber es ist ihm nicht gelungen, volle Erkenntniskraft darüber zu gewinnen. Darum blieb auch zwischen seiner Vorstellung vom göttlichen Erd-Ursprung und der vom göttlichen Erd-Ziel ein Bruch. Diese Kluft muß unausgefüllt bleiben, solange nicht erkannt wird, wie das Göttliche, das in den »Dingen« schlummert und in das die sichtbaren Dinge wieder verwandelt werden sollen, durch die Christus-Kraft mit dem Menschen zusammenhängt. Rilke sah nur das All-Eine Vaterwesen und das kommende Reich des Geistes. Wie diese beiden durch den in der menschlichen Seele einwohnenden »Sohn« miteinander zusammenhängen, blieb ihm verschlossen. Er hat keine positive Stellung zum Christentum finden können, weil ihm die äußerliche Auffassung von Christus zu dürftig erschien.

Der »Sohn Gottes« hat in seiner Anschauung keinen Platz.

Hierin liegt Rilkes bewußtseinsmäßige Nähe zum Mohammedanismus. Es ist bezeichnend, daß er selber das gefühlt hat:

»Übrigens müssen Sie wissen, Fürstin, ich bin seit Cordoba von einer rabiaten Antichristlichkeit, ich lese den Koran, er nimmt mir, stellenweise, eine Stimme an, in der ich so mit aller Kraft drinnen bin, wie der Wind in der Orgel...«

(Briefe 1907-1914, S. 255)

Dann spricht er über die spanische Version des Christentums, die ihn abstößt, um mit der geschmacklosen Bemerkung über Christus zu schließen, dieser sei für ihn wie ein Telephon, in das man hineinrufe, ohne daß jemand antwortet. An anderer Stelle sagt er:

»Für junge Menschen ist Christus eine große Gefahr, der Allzunahe, der Verdecker des Gottes. Sie gewöhnen sich daran, mit den Maßen des Menschlichen Göttliches zu suchen. Sie verwöhnen sich am Menschlichen und erfrieren später in der herben Hochluft der Ewigkeit. Sie

irren zwischen Christus, den Marien und den Heiligen umher, sie ver-
lieren sich unter Gestalten und Stimmen. Sie enttäuschen sich an dem
Halbverwandten, das sie nicht erstaunt, nicht erschreckt, nicht aus dem
Alltag reißt. Sie bescheiden sich und müßten unbescheiden sein, um
Gott zu haben.«

(Briefe 1899-1902, S. 369)

Solche und ähnliche Sätze, die eigentlich nur von einem mißverstande-
nen Christus handeln, kann man als belanglos beiseite schieben, weil sie
gar nicht das treffen, worauf es ankommt.
In einem Briefe unterscheidet er zwei Gruppen von Religionen: die
eine, die Gott durch Glauben sucht, und die andere, die Gott unmittelbar im Blut fühlt. Er verwirft die Glaubensbeziehung zu Gott, weil er
in ihr eine »Forcierung des Herzens«, einen Zwang zu sehen meint.
Diese Religionen, denen Gott etwas Abgeleitetes sei, zu dem sie erst
hinstreben müßten als Fremde oder Fremdgewordene, brauchten den
Mittler, der das Idiom des Blutes in die Sprache der Gottheit übersetzen müsse. Die anderen Religionen, wie z. B. die der Juden und
Araber, erführen Gott in dem Blut ihres Volkstums.
»Daß der Araber zu gewissen Stunden sich gegen Osten kehrt und sich
niederwirft, das *ist* Religion. Es ist kaum: ›Glauben‹. Es hat kein Gegenteil. Es ist ein natürliches Bewegtwerden innerhalb eines Daseins,
durch das dreimal täglich der Wind Gottes streicht, indem wir mindestens dies: biegsam sind . . .«

(Briefe aus Muzot 1921-1926, S. 65 f.)

Es ist offenbar, daß Rilke keinen Zugang zu dem Ereignis von Gol-
gatha gehabt hat. Aber es ist nicht schwer zu sehen, daß er in all den
ablehnenden Bemerkungen zum Christentum doch hauptsächlich von
katholischen und anderen konfessionellen Ansichten über Christus ausgeht. Er hat die kosmischen Anschauungen eines im Geiste des Ur-
christentums erneuerten Denkens über Christus, wie sie oben kurz angedeutet werden konnten, nicht gekannt. Diese werden von den folgenden Gedanken Rilkes nicht getroffen, sondern eher bejaht; jedenfalls
soweit sie sich auf sein Verhältnis zur Erde beziehen:

»Mehr und mehr kommt das christliche Erlebnis außer Betracht; der uralte Gott überwiegt es unendlich. Die Anschauung, sündig zu sein und des Loskaufs zu bedürfen als Voraussetzung zu Gott, widersteht immer mehr einem Herzen, das die Erde begriffen hat. Nicht die Sündhaftigkeit und der Irrtum im Irdischen, im Gegenteil, seine reine Natur wird zum wesentlichen Bewußtsein, die Sünde ist gewiß der wunderbarste Umweg zu Gott, – aber warum sollten die auf Wanderschaft gehen, die ihn nie verlassen haben? Die starke, innerlich bebende Brücke des Mittlers hat nur Sinn, wo der Abgrund zugegeben wird zwischen Gott und uns, – aber eben dieser Abgrund ist voll vom Dunkel Gottes, und wo ihn einer erfährt, so steige er hinab und heule drin (das ist nötiger, als ihn überschreiten). Erst zu dem, dem auch der Abgrund ein Wohnort war, kehren die vorausgeschickten Himmel um, und alles tief und innig Hiesige, das die Kirche als Jenseits veruntreut hat, kommt zurück; alle Engel entschließen sich, lobsingend zur Erde . . .«

(Briefe aus Muzot 1921-1926, S. 186)

Die obigen Sätze führen uns wieder zu den Ausgangspunkten seiner Religiosität zurück. Er bejaht die Erde, weil sie für ihn der Schauplatz ist, zu dem die Engel lobpreisend und voller Erwartung gewandt sind. Hierin begegnet sich seine Anschauung mit der eigentlich christlichen, wie wir oben dargestellt haben. Nicht ein ewiger Dualismus ist das Ziel der Welt, sondern die große Einheit von Gott, Erde, Mensch. Das Christentum ist in diesem Sinne die höchste Form des Monismus. Wobei zu berücksichtigen ist, daß dieser »Monismus« noch kein bereits erreichtes Weltenziel darstellt, sondern erst durch Christus seine Verwirklichung in der Zukunft finden wird.
Die Rückschau auf die Schöpfungstatsache führt zum Erleben des einheitlich-einen Weltenurgrundes. Diese Einheit der Schöpfung ist jedoch gespalten worden. Himmel und Erde sind tatsächlich auseinandergesprengt. Mann kann Rilke verstehen, wenn er den von den Kirchen im kleinlich-moralischen Sinn gedeuteten Gedanken der »Sünde« ablehnt. Er hätte ihn im kosmischen Sinne fassen müssen als die »Sonderung«, die Loslösung der Erde und Menschheit vom Geist, zum Zwecke der

Verselbständigung gegenüber dem Göttlichen, mit dem Ziele einer Neu-Vereinigung unter freier Mitwirkung des Menschen. Der Mensch mußte sich von Gott lösen, um ihn im eigenen Innern neu zu finden. Er mußte den Weg vom Geschöpf und Knecht Gottes über die Trennung und Vereinzelung zum tätigen Freund und Bruder der Gottheit beschreiten. Das ist der Entwicklungsgang, wie ihn das Christentum kennt.

Rilke hat nicht erkannt, daß die Einwohnung des Göttlichen im Menschen auf die alte blutsmäßige Art für den modernen Menschen überhaupt nicht mehr möglich ist, daß sie auch für ihn selber nur noch in geringem Maße galt, obgleich er meinte, sein Erleben des Göttlichen als einwohnendes Prinzip mit althebräischen oder mohammedanischen Blutserlebnissen in Parallele bringen zu müssen. Was jene blutsmäßig gebundenen Menschen als dumpfes Gotteserlebnis in sich trugen, ist entweder da und muß wie eine Naturgegebenheit hingenommen werden oder es ist nicht mehr vorhanden und kann dann eben auch nicht mehr gewollt werden. Rilkes Gotteserlebnis stammt aber nur wie in einem letzten Nachklange aus dem Blut und ist wiedergeboren worden aus dem Geist und aus der Freiheit.

Daß dieses neue Bewußtsein des Göttlichen im Menschen aufleuchten kann, hängt objektiv mit der Christustatsache zusammen. Das Subjektive spielt dabei *zunächst* eine untergeordnete Rolle. Daß die Menschheit im eigenen Ich das Göttlich-Geistige finden kann, ist eine objektive Wirkung des Christus-Ereignisses, die bis zu einem gewissen Grade nicht einmal an die gedankliche Anerkennung des Christus-Wesens gebunden ist, geschweige denn, daß sie etwa das Bekenntnis zu irgendwelchen kirchlichen Einrichtungen voraussetzen würde. Der Christus-Impuls ist ein objektiv wirkendes, menschheitsumspannendes Weltgeschehen. Er ist nicht auf das Lippenbekenntnis eines einzelnen angewiesen und läßt sich auch von den Dogmen irgendwelcher Kirchen nicht einschränken. In diesem Sinne darf das Erlebnis des im Innern aufleuchtenden Göttlichen bei Rilke als eine Wirkung des Christus-Impulses angesprochen werden, den er aus seinem Tagesbewußtsein heraus verleugnet hat.

Ein solches unbewußtes Miterleben der durch das Christus-Ereignis geschaffenen Menschheitstatsachen ist freilich nur ein allererster Anfang und eine Möglichkeit.

Als denkender Mensch ist Rilke bei dem vorchristlichen Erleben des Vatergottes stehengeblieben. Die erkenntnismäßige Beurteilung seines Gott- und Geist-Erfassens trägt noch die Züge einer vorchristlichen Menschheits-Stufe.

Als Fühlender und aus den Tiefen seines Künstlertums Schaffender erhebt er sich zu den hohen Zielen des Christus-Impulses.

So begegnen sich in ihm eine Seelenverfassung, die einem älteren Menschheitserbe entspricht, und die neuen in der Seele sich heraufringenden Tendenzen einer kommenden Menschheit.

DIE TOTEN

»Nur wer die Leier schon hob
auch unter Schatten,
darf das unendliche Lob
ahnend erstatten.«

Für einen Menschen wie Rilke, der gleich Goethe die Welt nicht in ein Diesseits und ein Jenseits gespalten erlebte, sondern die lebendige Einheit von Himmel und Erde zu begreifen suchte, war es ein selbstverständliches Bedürfnis, auch die Welt der Toten nicht in einer uns fernen, unerreichbaren Sphäre zu denken, sondern den fortwirkenden Bezug der hier auf Erden Lebenden mit den sogenannten Verstorbenen zu betonen. Das Band, das auf Erden die Menschen miteinander verbindet, wird, wenn es im Geiste geknüpft ist, nicht gelöst, wenn Menschen *räumlich* voneinander getrennt sind. Auch der Tod kann eine solche wahrhafte Verbindung von Menschen nicht trennen. Denn schon im Irdischen ist jede echte menschliche Gemeinschaft nur das Abbild einer im Geiste begründeten Verbindung von Ich zu Ich, die durch die Liebe dem Vergänglichen entzogen ist. »Und jetzt stehe ich zum Tode so, daß er mich mehr in denen erschreckt, die ich versäumt habe, die mir unerklärt oder verhängnisvoll geblieben sind, als aus denen, die ich, als sie lebten, mit Sicherheit liebte, wenn sie auch nur einen Augenblick in der Verklärung jener Nähe aufstrahlten, die der Liebe erreichbar ist. – Die Menschen hätten bei einiger Einfalt und Freude am Wirklichen (als welches von der Zeit völlig unabhängig ist) nie auf den Gedanken kommen brauchen, daß sie das, womit sie sich wahrhaft verbanden, irgendwann wieder verlieren könnten: kein Sternbild steht so zusammen; nichts Getanes ist so unwiderruflich wie menschlicher Zusammenhang, der ja schon im Augenblick, wo er sichtbar sich schließt, stärker und gewaltiger im Unsichtbaren vor sich geht, im Tiefsten: dort, wo unser Dasein so dauernd ist wie Gold im Gestein; beständiger als ein Stern. Darum gebe ich Ihnen recht, liebe Freundin, wenn

Sie meinen, über die zu trauern, ›die fortgehen‹. Ach, uns kann nur
fortgehen, wen wir nie besaßen.«

(Briefe 1907-1914, S. 35)

Anläßlich des Todes eines jungen Freundes, der im Felde gefallen war,
schreibt Rilke:
»Aber in so rein vorgenommener Konstellation kann auch der Tod,
wenn er gleich alle uns faßliche Ausübung abschneidet, das Wesentliche
nicht aufheben: in der Mitte meines Bewußtseins steht dauernd und
wirksam eine Vertraulichkeit und ein Vertrauen, das unbeirrbar zu
seinem jugendlichen Geiste, zu seiner Begeisterung bezogen bleibt;
denn der Grund, gerade eines solchen Vertrauens, ist ja seiner Natur
nach ein nicht nur hiesiger, ein immer schon in jenem Unabhängigen
und Zeitlosen verwurzelter, darin uns alles wirklich Geliebte gesichert,
ja immer noch grenzenloser erwerbbar ist.«

(Briefe 1914-1921, S. 195)

Aber wenn uns ein geliebter Mensch nach seinem Tode wirklich »noch
grenzenloser erwerbbar« werden soll, dann genügt freilich nicht die
liebende Erinnerung an Vergangenes. Dann müssen die Toten für uns
Gegenwärtige werden. Aus der Trauer um ihren Hingang kann der
Wunsch entstehen, ihnen zu folgen. Wenn auch die Frühentrückten
uns nicht mehr brauchen: »Aber wir, die so große Geheimnisse brauchen, denen aus Trauer so oft seliger Fortschritt entspringt: könnten
wir sein ohne sie?«
Eine solche Auffassung muß zu einem neuen sozialen Gewissen führen. Der hier auf Erden Weiterlebende wird die Verpflichtung fühlen,
die im Geiste fortwirkende Kraft des durch den Tod Gegangenen für
die Menschheitsentwicklung nicht verlorengehen zu lassen.
So betont Rilke, daß der Tod eines nahestehenden Menschen den Zurückbleibenden ein höheres Maß von Verantwortung auferlege, er
habe selbst so viele Todeserfahrungen machen müssen, aber keiner sei
ihm genommen worden, ohne daß er die Aufgaben um sich vermehrt
gefunden hätte. Uns erscheint oft grausam und willkürlich, was doch in
Wahrheit das Allergrößte ist, weil es uns »tiefer in das Leben hinein-

drückt« und uns die äußersten Verpflichtungen auferlegt. Damit dämmert die Ahnung einer neuen Kultur herauf, in der die Impulse der im Geiste Lebenden von den Zurückbleibenden willig aufgenommen und fruchtbar gemacht werden. Die innere Öde und Trostlosigkeit, die heute viele Menschen angesichts einer äußerlich glanzvollen, technisch großartigen, aber geistlosen Zivilisation empfinden, könnte durch die bewußte Einbeziehung der großen Menschheits-Genien, die als Hingegangene das Erdenleben geistig inspirieren und befruchten wollen, einer beschwingten Lebensauffassung und -gestaltung weichen.

Die Fürstin Thurn und Taxis spricht in ihren »Erinnerungen an Rainer Maria Rilke« davon, wie Rilke solchen inneren Umgang in Gedanken und Empfindungen kannte. Auf Schloß Duino habe er wirklich »unter Schatten gelebt«. Zwei Schwestern ihrer Mutter, Raymondine und Polyxène, die im Alter von 15 und 20 Jahren gestorben seien, habe Rilke immerfort als gegenwärtig erlebt. Auf die Frage, ob er noch einmal einen Winter allein in Duino verleben möchte, antwortet Rilke nach einigem Zögern, er möchte wohl gern, aber es sei so aufregend. »Man müsse vieles bedenken, vor allem wegen Raymondine und Polyxène, mit denen man sich immer beschäftigen müsse.« Trotz der großen Stille habe Rilke auf Duino niemals das Gefühl gehabt, wirklich allein zu sein.

Wie manchen Vers hat Rilke geschrieben, in dem er den Verstorbenen ein Wort des Dankes und der Liebe über den Abgrund nachruft, Verse, in denen zugleich die Antwort von drüben mitzuschwingen scheint. Wie schwer und erfüllt ist das Requiem von den lautlosen Stimmen, die so eindringlich aus heiliger Sphäre herüberklingen, wenn wir uns ehrfürchtig nach innen wenden. Schon die Eingangsworte lassen uns ahnen, daß Rilke dabei nicht nur allgemeine Empfindungen, sondern sehr differenzierte Herzenserfahrungen zukamen:

> »Ich habe Tote, und ich ließ sie hin
> und war erstaunt, sie so getrost zu sehn,
> so rasch zuhaus im Totsein, so gerecht,
> so anders als ihr Ruf. Nur du, du kehrst
> zurück: du streifst mich, du gehst um . . .«

Immer wieder finden wir bei Rilke die Meinung ausgesprochen, daß das Reich der Toten und Ungeborenen von uns auf Erden Lebenden nicht absolut getrennt, sondern nur dem intellektuellen Alltagsbewußtsein entzogen sei. Mit unserem geistigen Teil leben wir in einer gemeinsamen Welt mit den Toten. Innerhalb des »Zeitlichen« sind wir darum nicht ohne Grund unbefriedigt, weil unser wahres Wesen über alle Zeitgebundenheit hinaus uns sowohl mit den Verstorbenen als auch mit den nach uns kommenden »Ungeborenen« verbindet. Darum sieht Rilke eine wichtige Mission darin, das »Leben gegen den Tod hin offen zu halten«. »Lebens- und Todesbejahung erweist sich als Eines in den ›Elegien‹. Das eine zugegeben ohne das andere, sei, so wird hier erfahren und gefeiert, eine schließlich alles Unendliche ausschließende Einschränkung. Der Tod ist die uns abgekehrte, von uns unbeschienene Seite des Lebens: wir müssen versuchen, das größeste Bewußtsein unseres Daseins zu leisten, das in beiden unabgegrenzten Bereichen zu Hause ist, aus beiden unerschöpflich genährt ... Die wahre Lebensgestalt reicht durch beide Gebiete, das Blut des größesten Kreislaufs treibt durch beide: es gibt weder ein Diesseits noch ein Jenseits, sondern die große Einheit, in der die uns übertreffenden Wesen, die ›Engel‹ zu Hause sind.«

(Briefe aus Muzot 1921-1926, S. 332)

Insbesondere der Künstler, der Dichter, muß in beiden Bereichen beheimatet sein. Er muß aus dem Quell einer höheren Inspiration schöpfen und wirken. Dann werden seine Gestaltungen weniger das Gepräge eines bloß subjektiven Empfindens tragen, sondern aus der Berührung mit der Welt der Verklärten ihre Weihe empfangen. Dadurch kann in seinen Werken die Vermählung von Diesseits und Jenseits vollzogen werden, die das echte Kunstwerk auszeichnet und es zu einer allgemeingültigen Menschheitsangelegenheit macht. Rilke hat oft betont, daß es nicht die Aufgabe des Dichters sei, nur sein eigenes Gefühl, sein Leid, seine Freude hinauszusingen. Er hat immer aus einer Inspiration zu schaffen gesucht, die über das Bloß-Persönliche hinausging. Die besondere Tiefe und Kraft seiner Dichtung findet ihre Deutung dadurch, daß Rilke den geistigen Umgang mit den Toten gesucht und gepflegt hat.

Die Worte und Klänge, die in ihren Reichen ertönen, trug er in die irdische Sprache herunter:

»Nur wer die Leier schon hob
auch unter Schatten,
darf das unendliche Lob
ahnend erstatten.

Nur wer mit Toten vom Mohn
aß, von dem ihren,
wird nicht den leisesten Ton
wieder verlieren.

Mag auch die Spieglung im Teich
oft uns verschwimmen:
Wisse das Bild.

Erst in dem Doppelbereich
werden die Stimmen
ewig und mild.«

Es ist gewiß nicht zuviel gesagt, wenn wir in Rilkes Geistverbundenheit mit den Toten einen der *Quellorte seiner Dichtung* sehen. Er war unablässig bemüht, den Eingebungen der Toten zu lauschen, die dem Herzen, das sich in Liebe und Verehrung aufschließt, vernehmbar werden. Zu der Entstehung der »Sonette an Orpheus« sagt Rilke in einem Briefe selber, daß sie ebenso wie die Elegien ohne seinen Willen im Anschluß an ein frühverstorbenes Mädchen entstanden seien. »Dieser Anschluß ist ein Bezug mehr nach der Mitte jenes Reiches hin, dessen Tiefe und Einfluß wir, überall unabgegrenzt, mit den Toten und Künftigen teilen.«

(Briefe aus Muzot 1921-1926, S. 333)

Und in den Gesprächen auf Capri sagt Rilke zu L. von Schlözer: »Die Schönheit des alltäglichen Lebens ruht auf dem Vermächtnis der Väter,

wo dieses lebendig ist, *da führen die Toten die Finger des Künstlers.«*
Besonders die Frühverstorbenen sind es, die ihre unverbrauchten Seelenkräfte dem Künstler und Dichter ins Herz senken.

Goethe hat dieses Geheimnis künstlerischer Inspiration durch die Frühentrückten in seinem Faust angedeutet. In der Gestalt des Knaben Wagenlenker scheint jener dem Tode verbundene kosmische Jugendimpuls künstlerischer Inspiration eine bildhafte Darstellung gefunden zu haben. Er kommt auf seinem Feuerwagen dahergebraust und teilt von seinem Reichtum nach allen Seiten aus. Begeisterung entzündend spendet er Feuerflämmchen, die pfingstlich auf den Häuptern der Menschen blühen.

> »Die größten Gaben meiner Hand,
> Seht! hab ich rings umher gesandt.
> Auf dem und jenem Kopfe glüht
> ein Flämmchen, das ich angesprüht;
> von einem zu dem andern hüpft's,
> an diesem hält sich's, dem entschlüpft's,
> gar selten aber flammt's empor
> und leuchtet rasch in kurzem Flor.
> Doch vielen, eh man's noch erkannt,
> Verlischt es, traurig ausgebrannt.«

Auf die Frage nach seinem eigenen Wesen ruft er: »Bin die Verschwendung, bin die Poesie.«

Wir dürfen in Verbindung mit dem Knaben Wagenlenker auch an den Chor der seligen Knaben denken, der davon spricht, daß Faustens Seele die ihr zuteilgewordene treue Pflege nunmehr reichlich erwidern werde.

Dieser Jugendimpuls künstlerischer Inspiration aus den Pflegekräften der jung Verstorbenen ist Rilke nicht fremd gewesen.

> »Stimmen, Stimmen. Höre, mein Herz, wie sonst nur
> Heilige hörten: daß sie der riesige Ruf
> aufhob vom Boden; sie aber knieten,

Unmögliche, weiter und achteten's nicht:
so waren sie hörend. Nicht daß du Gottes ertrügest
die Stimme, bei weitem. Aber das Wehende höre,
die ununterbrochene Nachricht, die aus Stille sich bildet.
Es rauscht jetzt von jenen jungen Toten zu dir.
Wo immer du eintratst, redete nicht in Kirchen
zu Rom und Neapel ruhig ihr Schicksal dich an?
. . . .
Was sie mir wollen? Leise soll ich des Unrechts
Anschein abtun, der ihrer Geister
reine Bewegung manchmal ein wenig behindert.«

Darf man eine so überaus prägnante Äußerung, wie die des letzten
Satzes, als eine unverbindliche dichterische Metapher ansprechen?
Zwingt nicht vielmehr ihr konkreter, eindeutig-bestimmt formulierter
Inhalt dazu, einem solchen Dichterwort auch Erkenntniswert beizumes-
sen? Man mag davor zurückschrecken, die zarte geheimnisumwobene
Sprache des Dichters in dürre, nüchterne Begriffe umzusetzen. Aber
keineswegs ist es erlaubt, deshalb die Wahrheitsfrage als unwichtig
oder gar unstatthaft abzulehnen. Es kann keinem Zweifel unterliegen,
daß Rilke einen, zumindest gefühlsmäßigen, Zugang zu der Einsicht
hatte, daß das moralische und geistige Verhalten der auf der Erde
Zurückbleibenden gewisse Wirkungen auf die Toten ausübt, die in
mannigfaltigen und unterschiedlichen Wandlungen von Stufe zu Stufe
emporschreiten.
Die erste und besonders die letzte der Duineser Elegien* künden von
den subtilen Herzenserfahrungen des Dichters im Umgange mit den
Toten:

»Freilich ist es seltsam, die Erde nicht mehr zu bewohnen,
kaum erlernte Gebräuche nicht mehr zu üben,
. . . . .

* Vgl. die ausgezeichnete Arbeit von Arnold Trapp: R. M. Rilkes Duineser
Elegien, Gießen 1936.

das, was man war in unendlich ängstlichen Händen,
nicht mehr zu sein, und selbst den eigenen Namen
wegzulassen wie ein zerbrochenes Spielzeug.
Seltsam, die Wünsche nicht weiterzuwünschen. Seltsam,
alles, was sich bezog, so lose im Raume
flattern zu sehen. Und das Totsein ist mühsam
und voller Nachholn, daß man allmählich ein wenig
Ewigkeit spürt. – Aber Lebendige machen
alle den Fehler, daß sie zu stark unterscheiden.
Engel (sagt man) wüßten oft nicht, ob sie unter
Lebenden gehn oder Toten. Die ewige Strömung
reißt durch beide Bereiche alle Alter
immer mit sich und übertönt sie in beiden.«

Hier werden Gedanken ausgesprochen, die ganz aus der Seele der Toten
empfunden sind. Bis in welche Einzelheiten der Dichter in seiner Darstellung geht, wird vielleicht nur derjenige voll würdigen können, der
einen neuen Zugang zu der Tatsache gewonnen hat, daß das Leben
nach dem Tode durch ganz bestimmte innere Erlebnisstufen mit genau
unterschiedenen Inhalten führt. So etwa, wenn er davon spricht, daß
der Tote seine Gebräuche nicht mehr ausübt, seinen Namen ablegt
und seine Wünsche nicht mehr weiterwünscht. Ganz besonders befremdend wird manchen Gegenwartsmenschen der Satz anmuten:
»Seltsam, alles, was sich bezog, so lose im Raume flattern zu sehen.«
Hiermit ist jenes Stadium nach dem Tode gemeint, wo die Gedanken
und Erinnerungen irdischer Art sich von der geistigen Persönlichkeit
loszulösen beginnen und in das allgemeine Dasein des Kosmos einver-
woben werden. (Vgl. Rudolf Meyer: Vom Schicksal der Toten, Stuttgart 1935).
In der letzten Elegie spricht Rilke von den Schicksalen der Verstorbenen wie einer, der unter ihnen zu wandeln gewohnt ist. Alle bloß
ästhetische Bewertung Rilkescher Dichtung muß hier versagen. Der
Dichter führt uns wie ein Eingeweihter durch die Sphären einer übersinnlichen Welt, deren Gesetze ihm vertraut scheinen und deren Grund-
kräfte er darum enthüllen kann.

In der Welt des Nachtodlichen wird der tiefe Sinn alles Leidens offenbar. Freudig werden wir dort den Schmerz bejahen, den wir hier nur zu oft beendet wissen wollten. In Jubel und Lobgesang wird dort sich verwandeln, was wir hier erlitten:

> »Daß ich dereinst, an dem Ausgang der grimmigen Einsicht,
> Jubel und Ruhm aufsinge zustimmenden Engeln.
> Daß von den klargeschlagenen Hämmern des Herzens
> keiner versage an weichen, zweifelnden oder
> reißenden Saiten . . .
> . . . O wie werdet ihr dann, Nächte, mir lieb sein,
> gehärmte. Daß ich euch knieender nicht, untröstliche Schwestern,
> hinnahm, nicht in euer gelöstes
> Haar mich gelöster ergab. Wir, Vergeuder der Schmerzen.
> Wie wir sie absehn voraus, in die traurige Dauer,
> ob sie nicht enden vielleicht. Sie aber sind ja
> unser winterwähriges Laub, unser dunkeles Sinngrün,
> *eine* der Zeiten des heimlichen Jahres.«

Leiden und Schmerzen werden uns dort zu Führern werden, wenn wir in der ersten Zeit nach dem Tode uns langsam vom Irdischen entwöhnen müssen. Wie die Muschel ein schmerzendes Sandkorn umkleidet und dadurch die Perle entsteht, so können wir unsere Schmerzen in edle Gebilde verwandeln:

> »Nur die jungen Toten, im ersten Zustand
> zeitlosen Gleichmuts, dem der Entwöhnung,
> folgen ihr [der Klage] liebend. Mädchen
> wartet sie ab und befreundet sie. Zeigt ihnen leise,
> was sie an sich hat. Perlen des Leids und die feinen
> Schleier der Duldung. – Mit Jünglingen geht sie
> schweigend.«

Weiter und weiter führt den Toten die Klage durch feine Seelenlandschaften, bis zu den Sternen; nirgends ist Stillstand:

»Doch der Tote muß fort, und schweigend bringt ihn die ältere
Klage bis an die Talschlucht,
wo es schimmert im Mondschein:
die Quelle der Freude. In Ehrfurcht
nennt sie sie, sagt sie: ›Bei den Menschen
ist sie ein tragender Strom‹.«

Hier verläßt ihn die Klage, es ist der Ort, wo alles Leiden sich in
Freude wandelt.

Und so gipfelt diese Elegie in dem Gedanken an die Kraft der Wandlung, die dem Tode das neue Leben abringt. Das Samenkorn, das im
dunkeln Erdenschoß dem Tode verfällt, wird wieder zum Leben
erwachen. Es verbürgt uns gleichnishaft, daß dem Erdentode ein
Erwachen im Geiste folgen wird:

»Aber erweckten sie uns, die unendlich Toten, ein Gleichnis,
sicher, sie zeigten vielleicht auf die Kätzchen der leeren
Hasel, die hängenden, oder
meinten den Regen, der fällt auf dunkles Erdreich im Frühjahr.«

Damit ist ein Ausblick auf noch »höher« liegende Gebiete der geistigen
Welt gewonnen, die freilich durch Rilke keine Darstellung mehr finden.
Denn hier liegen auch die Grenzen seiner Persönlichkeit: Wohl ist es
ihm gegeben, jenen ersten größeren Abschnitt des nachtodlichen Daseins
mitfühlend zu ahnen, wo die Befreiung des Menschenwesens von den
ihm noch anhaftenden irdischen Hüllen stattfindet. Hier führen die
Toten noch ein schattenhaftes Dasein. Man denke etwa an Glucks
»Orpheus und Eurydike«, in der die Stimmung der schemenhaften
Welt des Hades außerordentlich gut getroffen scheint. Hier waltet
Wehmut und ein fast seliger Schmerz. Dieser Durchgangszustand ist
der gleiche, den die mittelalterliche Welt als das Fegefeuer kennt. Die
in der Seele schlummernden, rein irdisch gerichteten Triebkräfte müssen sich während dieses Zustands im eigenen Begierdenfeuer verzehren,
da sie keine Möglichkeit mehr haben, sich durch den Leib Befriedigung
zu verschaffen. Insofern ist es nicht unrichtig, wenn Rilke im Schmerz,

in der Klage den Führer der Seele zum Geist sieht. Das wahre Geister-
land, in dem die Engel beheimatet sind, beginnt erst jenseits des
»Leidlands«. Der Strom der Freude fließt durch dieses Reich. Rilke
führt uns bis zu seinem Quellort: »wo es schimmert im Mondschein:
die Quelle der Freude« – das Land des reinen Geistes zu eröffnen ist
ihm versagt. Darum ist das Engel-Erlebnis auch vom »Klage-Land«
her bestimmt. »Ein jeder Engel ist schrecklich« – sagen die Elegien,
wir vergehen vor seinem stärkeren Dasein. Es ist der Engel des Ge-
richts, der die Herzen zu sichten hat, um sie für den Geist zu bereiten.
Aber verheißungsvoll steht am Schlusse der Elegien das Bild vom
dunklen Erdreich, auf das der Regen herabfällt, um die im Todesschlaf
ruhenden Samen zum Licht zu erwecken.

*

Die Inhalte eines geistigen Seins bekommen erst dann eine gültige Bedeutung für die Menschheit, wenn die Wege überschaubar sind, auf
denen sie zu erwerben sind. Ja, unter Umständen entscheidet bereits der
Weg über Wert und Unwert dessen, was geistig gewonnen wurde:
»Das Was bedenke, mehr bedenke wie.« Dies gilt in hohem Maße von
dem, was uns an Kunde über die Welt der Toten zukommt. Wenn
die Quelle, aus der solche Mitteilungen fließen, trübe ist, dann sind
alle Einzelheiten – mögen sie auch noch so interessant sein – für den
verantwortungsbewußten Menschen ohne Bedeutung. Der Spiritismus,
der den Anspruch macht, Kunde aus der Welt der Verstorbenen bringen zu können, ist eine solche undurchschaubare Methode. Sie ist dadurch charakterisiert, daß das wahre Ich-Bewußtsein des Mediums
während des Aufnehmens herabgedämpft oder ganz ausgelöscht werden muß. Seine Resultate können darum nur auf Treu und Glauben
angenommen werden. Es zeugt für das unbestechliche Wahrheitsge-
fühl Rilkes, daß er solche Kundgebungen, die aus undurchschaubaren
Quellen fließen, bei allem Interesse für den Gegenstand und bei aller
Höflichkeit gegenüber den damit irgendwie in Verbindung stehenden
Menschen letzten Endes doch klar und eindeutig als Weg für sich selber
ablehnte.

Die Fürstin Thurn und Taxis erzählt in ihren Erinnerungen an Rilke von gewissen spiritistischen Séancen auf Schloß Duino, an denen Rilke interessiert teilgenommen habe. Nach einigen einleitenden Bemerkungen über die Veranlassung und den Beginn dieser Séance schreibt sie: »Aber dann schien ein anderer Geist sich fortan zu behaupten, ein Wesen, das sich ›die Unbekannte‹ nannte und mit dem Dichter zu sprechen verlangte. Eine lange Zwiesprache begann.

Die Séance dauerte lange, manchmal wurde die Schrift völlig unleserlich. Aber Rilke war über einige Antworten sehr betroffen, die ihn ermutigten und ihn aufforderten, sich nach Spanien zu begeben (woran er übrigens oft dachte, vor allem an Toledo) ... In der Tat schienen diese Sätze ... sich fast immer auf Toledo zu beziehen ... In der nächsten Sitzung las man: ›Rote Erde – Glut – Stahl – Ketten – Kirchen – blutige Ketten –‹ Dann: ›Laufe voran, ich werde dir folgen ... Die Brücke, die Brücke mit Türmen am Anfang und Ende.‹ Und später: ›Fühlst du die Engel? Es rauschen die Zeiten wie Wälder.‹ Die Unbekannte erzählte von sich, daß sie vor Zeiten ermordet worden sei. Das nächste Mal sagt sie: ›Für dich flieht wohl die Zeit, für mich steht sie still.‹ ... ›Wenn du hinkommst, so gehe unter die große Brücke, dort, wo die großen Felsen sind, und dann singe, singe, singe.‹ Rilke fragte: ›Ja, aber wie kann ich dich dann rufen?‹ Die Antwort: ›Alles tönt, doch mußt du mit dem Herzen es singen.‹ Und da fragte Rilke, ich sah diese Frage auf seinen Lippen brennen: ›Ja, aber mein Herz hat keine Stimme jetzt, warum, warum?‹ ›Ja, so ist es besser – ich leuchte stets, doch Schatten sind oft zwischen dir und mir ...‹ und endlich: ›Es ruft, ich gehe.‹ Die Unbekannte sprach nicht mehr.«

Rilke ist bald darauf nach Spanien gereist und berichtet von den Brükken, die »die Unbekannte« erwähnt hatte. »Gleich beim ersten Ausgang«, so schreibt die Fürstin Thurn und Taxis, »hatte er den Weg durch die Calle San Tomé und von dort ohne zu zögern durch die Calle del Angel genommen, bis er vor San Juan de los Reyes stand, dessen Wände ganz mit Ketten behängt sind, die einst von den Gefangenen der Sarazenen getragen wurden – ›den blutigen Ketten‹!«

Aus späteren Jahren berichtet die Fürstin Thurn und Taxis: »Im Frühjahr 1915 hatten wir ... zum ersten Mal wieder Nachricht von der

›Unbekannten‹ – seltsame Worte, die ihn betrafen, der keine frühere Inkarnation gehabt hat, denn sonst wäre er eben kein ›poeta‹. Diese Behauptung machte auf Serafico (so nennt die Verfasserin Rilke) einen tiefen Eindruck. Er hatte oft genug gefragt, ob die ›Unbekannte‹ nichts mehr sage. Er hielt auf jedes Wort und wollte, daß ich ihm alles aufs genaueste mitteilte. Und plötzlich schrieb sie wieder: ›Warum singt er nicht? Seine Pflicht, seine Bestimmung – er soll. Gestreift wurde er einst von ... Nicht soll er vergessen, denn nur dazu lebt er*. Sonst verliert er den errungenen Teil. Ja; ich habe gesprochen, ich, der fast die ganze Schnur sieht.‹ (Die Schnur, die Perlschnur, war früher als Bild unserer sämtlichen Leben – der Kontinuität unseres Wesens gemeint).«

Dieser ganze Bericht ist recht aufschlußreich. Zeigt er doch deutlich die Anfechtbarkeit solcher spiritistischer Methoden. Die Sprache der »Unbekannten« hat manche Anklänge an Rilkes eigenen Stil (die Verfasserin sagt übrigens, daß sie in den Kundgebungen eine Manifestierung von Rilkes Unterbewußtsein zu sehen meine). Die zauberisch-schwebende Schönheit der Sprache, die mehr verhüllt, als sie sagt, scheint zusammen mit einigen frappierenden Inhalten tatsächlich einen gewissen Eindruck auf Rilke gemacht zu haben. Dennoch geht man fehl, zu glauben, Rilke habe diese verworrene, ich-lose Manifestation eines unbekannten Etwas restlos bejaht. Mag er sich auch anfangs stärker davon haben beeinflussen lassen – später hat er jedenfalls deutlichen Abstand genommen. Ein Brief aus dem Jahre 1924 gibt darüber genauen Aufschluß. Mit der ihm eigenen behutsamen Art, alles so positiv wie nur möglich zu nehmen und den Empfänger nicht durch schroffen Widerspruch zu verletzen, sondern zart und unmerklich zu führen, beginnt dieser Brief zunächst fast zustimmend; aber selbst in der Zustimmung spürt man bereits den Vorbehalt, der im zweiten Teil mit genügender Deutlichkeit ausgesprochen wird.

Ausführlich entwickelt er seine Einstellung zur Welt der Toten. Zunächst warnt er davor, sich in Phänomene des Spiritismus zu flüchten, so sehr sie auch ihren Inhalten nach uns angehen mögen. Dann weist

* Diese Äußerung stammt aus jener Zeit nach Anbruch des Krieges, in der Rilke fast ganz unproduktiv war und sehr darunter litt.

er darauf hin, daß »die Tiefendimension unseres Innern« der Raum ist, in dem die Toten wohnen können. Unser übliches Bewußtsein ist nur die Spitze einer Pyramide, deren Basis unendlich breit ist. Je mehr wir die Fähigkeit erwerben, uns in diesen Tiefenschichten unseres Bewußtseins zu bewegen, desto mehr wird es uns gelingen, die »von Zeit und Raum unabhängigen Gegebenheiten des irdischen, des im weitesten Begriffe *weltischen* Daseins« in unser Leben einzubeziehen. Zu diesem von Zeit und Raum unabhängigen Sein gehört auch die Welt der Verstorbenen und Ungeborenen, so sehr auch die allgemeine bürgerliche Auffassung diese Seite des Lebens aus dem Alltagsbewußtsein verdrängt habe. Für Rilke war es eine der natürlichen Gegebenheiten seines Lebens, *ein* Geheimnis unter zahllosen anderen, die er bewundernd verehrt. So sehr er innerhalb seiner dichterischen Arbeit, »in die unerhörten Wunder unserer Tiefen eingeweiht«, sich als Werkzeug gebraucht weiß, so entschieden lehnt er es doch ab, die dichterische Inspiration der medialen Eingebung gleichzusetzen. Bei aller Demut und Verehrung gegenüber den inspirierenden Mächten weiß er sich innerhalb seiner Kunst doch mit der eigenen Leistung beteiligt. Den medialen Eingebungen glaubt er sofort Gegengewichte in seinem Bewußtsein erwecken zu müssen: »Nichts wäre mir fremder, als eine Welt, in der solche Mächte und Eingriffe die Oberhand hätten.« Nach spiritistischen Sitzungen etwa sei er bemüht gewesen, den Anblick des gestirnten Himmels sofort für ebenso großartig und gültig zu halten. Die medialen Ereignisse wollen »scheint mir, eher vertragen sein, als anerkannt; eher nicht abgelehnt, als gerufen; eher zugegeben und geliebt, als gefragt und ausgenutzt sein. Ich bin, zum Glück, medial vollkommen unbrauchbar, aber ich zweifle keinen Augenblick, daß ich mich auf *meine* Weise den Einflüssen jener oft heimatlosen Kräfte eröffnet halte und daß ich nie aufhöre, ihren Umgang zu genießen oder zu erleiden. Wie viele Worte, wie viele Entschlüsse oder Zögerungen mögen auf Rechnung ihrer Einwirkung zu schreiben sein!«

(Briefe aus Muzot 1921-1926, S. 279 ff.)

Dieser Brief ist für das Verständnis Rilkescher Geistesart von größter Bedeutung. Zeigt er doch u. a., daß Rilke bestrebt war, den ganzen Um-

fang übersinnlicher, »jenseitiger« Tatsachen als eine nur gesondert auf-
tretende Äußerung der *einen* ungeteilten Welt anzusehen, die unserm
Bewußtsein an sich durchaus zugänglich wäre. Ihm schien nur eine Ver-
tiefung und Erweiterung der gewöhnlichen menschlichen Bewußtseins-
kräfte notwendig, um auch das Dasein des Geistes mit umspannen zu
können. In den Tiefenschichten der »Bewußtseinspyramide«, deren
Spitze das gebräuchliche Bewußtsein bewohnt, fühlt Rilke die Wesens-
verbindung mit *allem* Sein, auch dem sinnlich nicht erfahrbaren. Aus
diesen geheimnisvollen Tiefen des eigenen Ich fühlte sich Rilke als
Dichter gespeist und getragen.

Bei aller Hingabe und selbstloser Geöffnetheit diesen Kräften gegenüber fühlt er dennoch innerhalb der Sphäre dichterischer Eingebung
die eigene schöpferische Kraft, die Tatsache der persönlichen Leistung
mitwirkend und mitbestimmend im Gegensatz zur völligen Ich-Aus-
löschung bei rein medialen Vorgängen. Diesen medialen Begebnissen
gegenüber fühlt er die Notwendigkeit, das Ich-Bewußtsein als Gegen-
gewicht aufzurufen, um nicht von fremden Mächten überwältigt zu
werden.

Es ist sehr aufschlußreich, daß Rilke gewisse Gedichte, die ihm aus der
innigen Verbundenheit mit einem Verstorbenen zuflossen, nicht in
seine Werke hat aufnehmen wollen. Hier scheint er wirklich noch in
einem viel höheren Maße eine Art »Diktat« empfunden zu haben als
bei der Entstehung der »Sonette an Orpheus«. Diese Gedichte mögen
für sein eigenes Urteil zu sehr in der Nähe einer medialen Eingebung
entstanden sein, als daß er sie für eine persönliche Leistung hätte
halten können. Man kann daran den Grad der spirituellen Exaktheit
und Verantwortlichkeit ermessen, der für Rilke Lebensbedürfnis war.

Eine schärfere Absage an die spiritistischen Versuche, sich mit den
Toten in Verbindung zu setzen, findet sich aber bereits in einem Brief
an die Fürstin Thurn und Taxis aus dem Jahre 1913 : »Ich will gern
jedem Geist Rede stehn, wenn er die Expansion hat und die Not, in
mein Leben einzubrechen, dann wird er auch was Vernünftiges zu
sagen haben, wofür wir uns nicht beide schämen müssen; aber diesen
Geisterzucker ausstreuen, damit Gott weiß, welches abgelegte und
drüben verpönte Gespenstergesindel heranschleicht und uns, genau wie

die aus Afrika hergeschleppten Wilden, Gebräuche und Geheimnisse vormacht, die von keinerlei Welt sind, das ist geschmacklos und trübt Diesseits und Jenseits mit seinem Bodensatz. Sie fühlen, daß das nicht gegen die ›Unbekannte‹ geht, sie hatte Expansion, und wenn ich gleich nie wieder von ihr höre, so bleibt sie mir doch ein Schwebendes irgendwo und mit allem in uns, was sich schwebend hält, in Verkehr. Aber nicht einmal ihr gegenüber möchte ich das geringste unternehmen, sie auszuziehen, – flutet nicht fortwährend unermeßlich viel Gelöstes in unserem Geist, was hindert sie, sich hinreißen zu lassen, in mein innerstes Gemüt, was, in diesen hohen Raum am Abend unter dem Vorwand irgendeines Geräusches einzutreten? ... Nein, trotz aller Beteuerungen der Kugelleserin, ich mag dieses Metier nicht und werde mich hüten, mein bißchen Gewässer in jene zweideutigen Kanäle zu leiten, damit es dort vielleicht ganz zum Sumpf sich vermüßige und Blasen und Irrlichter in die schlechte Luft spiele.«

(Briefe 1907-1914, S. 315)

Rilke hat einen anderen, entsagungsvollen und gänzlich unsensationellen Weg zu den Toten beschritten! Den der gläubigen Bejahung des Lebens und des Schicksals, die als unerläßliche Grundstimmung in der Seele dessen walten muß, der den Toten begegnen will – den Weg der inneren Zucht des Gedanken- und Gefühlslebens, ohne die die Toten an uns nicht herankommen können –, den Weg der liebenden Erinnerung und Herzverbundenheit mit den Dahingegangenen, den Weg der freudigen Anteilnahme, der zur seelischen Verjüngung führt und damit den Boden abgibt, auf dem sich Lebende und Tote finden können.

Es ist der in der Gegenwart einzig berechtigte Weg, wie ihn in voller Erkenntnis-Klarheit Rudolf Steiner gelehrt hat und wie ihn Rilke, ohne diesen Geistesführer der Gegenwart wirklich zu kennen, aus dem sicheren Takt seines Herzens gegangen ist: der Weg der Selbterziehung der menschlichen Seele, die sich strebend zum Geiste emporentwickelt, um in Lauterkeit und Urteils-Wachheit die guten Eingebungen der Toten empfangen zu können.

AUSKLANG

Die literarhistorische Betrachtungsart versucht mit Recht, einen Dichter aus den Gegebenheiten seiner Zeit zu verstehen. Wollte man diese Methode auf Rilke anwenden, so bliebe ein ungelöster Rest übrig. Als ein Heimatloser ist er durch unsere Zeit hindurchgegangen. Wie ein fremder Gast aus fernen Reichen hat er unter uns gelebt, ohne sich doch innerhalb unserer Gegenwartskultur ansiedeln zu können. Die Reichtümer, die er in sich trug und in seiner Dichtung austeilte, entstammen nicht unserer Gegenwart. Es wäre ein vergebliches Bemühen, ihre Herkunft aus dieser oder jener geistigen Erscheinung der jüngsten Vergangenheit ableiten zu wollen. Nur die Form seines künstlerischen Schaffens mag auf diese Weise ihre Erklärung finden. An einem Menschen wie Rilke muß die sogenannte pragmatische Geschichtsbetrachtung, die alle Erscheinungen der Geschichte aus den vorangehenden erklären möchte, versagen.

Einer solchen Persönlichkeit gegenüber muß die Frage laut werden: Woher stammen die wunderbaren Schätze und Gaben seines Geistes, die so gar keine Ähnlichkeit mit dem Geist unserer Zeit und dem der letzten Jahrhunderte aufweisen, die wie seltsam-fremdartige Kostbarkeiten sagenhafter Länder anmuten?

Man wird sich zu der Annahme gedrängt sehen, daß in Rilke eine geistige Persönlichkeit erschienen ist, die einen Schatz von Urerinnerungen und Weisheitserfahrungen aus früheren Entwicklungen mitzubringen scheint. Ihm selber nur halb bewußt, ruht dieser Schatz auf dem Grund seiner Seele, und es blitzt und leuchtet manchmal aus dem Dunkel seiner Tiefen wie von Gold und edlem Gestein.

Die Weisheitsschätze, die in seinen Dichtungen umgeschmolzen und verarbeitet ans Licht treten, entstammen zumeist nicht einer erkenntnismäßigen Einsicht des Verstandes. Sie strömen ihm zu aus den Tiefen eines in Ehrfurcht webenden Gefühls:

Rilke war ein Eingeweihter des Herzens.

Nichts könnte ihn besser charakterisieren als die Worte, die er einmal in jenem wunderbaren Weihnachtsbriefe an seine Mutter niedergeschrieben hat:

»Es ist so recht das Mysterium von dem knieenden, dem tief knieenden Menschen, daß er größer sei, seiner geistigen Natur nach, als der stehende!«

Aus der tiefen Frömmigkeit seines Herzens strömt ihm Weisheit zu. Dieses Weisheitserbe seines Wesens ist so groß, daß die Gedanken, die unser Zeitalter im allgemeinen zu bieten hat, nicht ausreichen, um es ganz zu verstehen. Ja, ihm selbst standen nicht immer die Denkformen zur Verfügung, um das überwältigend große Geistesgut, das in ihm ruhte, in voller Bewußtheit und Erkenntnisklarheit ans Licht zu bringen. Das ist kein Mangel seiner Persönlichkeit; denn es kann nicht die Aufgabe des Künstlers sein, sein Werk erkenntnismäßig auszubauen. Ihm darf es genügen, es geschaffen zu haben. Der Nachwelt fällt die Aufgabe zu, sein Werk nicht nur liebend zu genießen, sondern in all seinen Tiefen ahnend zu verstehen.

Die vorliegende Schrift möchte ein Baustein dazu sein.

Rilkes Individualität lebt nicht mehr in irdischer Gestalt unter uns, sondern in den Sphären der Welt, die er mit seinem ganzen Sein hier auf Erden gesucht hat. Mit der Strenge seines Wahrheitsgefühls, das schon während seines Erdenlebens verpflichtend in ihm lebte, wird er nun auf sein Werk zurückschauen. Manches wird er als unwesentlich gern zurücklassen. Die Keime eines spirituellen Welterlebens aber wird er weitertragen und zur Entfaltung und Reife zu bringen suchen.

Wenn wir versuchen, in diesem Sinne auf sein Werk zu blicken, werden wir dem Dichter gerecht und schreiten seiner ewigen Entelechie im Geiste nach.

ALFRED SCHÜTZE

Von der dreifachen Ehrfurcht

Goethes Gedanken zur Erziehung

I: Wilhelm Meisters Wanderjahre. II. Buch, Kapitel 1—2
II: Essay von Alfred Schütze: Goethe und die Ehrfurcht

60 Seiten mit zwei Zeichnungen von Archibald Bajorat,
gebunden

Goethe führt uns in der »Pädagogischen Provinz« auf eigenen
Wegen an die geistige Urtatsache der Dreieinigkeit heran, die er
unbelastet von theologischen Traditionen findet, herzhaft-ur-
sprünglich anpackt und mit künstlerischer Freiheit gestaltet. Die
Wahrheit von der schöpferischen Kraft der Ehrfurcht beweist
sich an ihm durch sich selbst. Sie wurde ihm als Erkenntnis-
Frucht der eigenen durch Jahrzehnte geübten Ehrfurcht zuteil.
Damit wird seine Konzeption von der dreifachen Ehrfurcht zu
einem lebendigen Beweis für die Entfaltungsfähigkeit des Menschengeistes und seinen Zusammenhang mit der Welt der Wahrheit. In Werk und Leben hat Goethe die Berechtigung erwiesen,
ohne Hybris zu bekennen, daß, wenn »die gesunde Natur des
Menschen als ein Ganzes wirkt«, das Weltall, wenn es sich selbst
empfinden könnte, »aufjauchzen und den Gipfel des eigenen
Werdens und Wesens bewundern« würde. Darum darf er die
Zusammenfassung der drei Ehrfurchten die oberste als die vor
sich selbst bezeichnen, aus der sich wiederum die drei anderen
ergeben, »so daß der Mensch zum Höchsten gelangt, was er zu
erreichen fähig ist, daß er sich selbst für das Beste halten darf,
was Gott und Natur hervorgebracht haben, ja, daß er auf dieser
Höhe verweilen kann, ohne durch Dünkel und Selbstheit wieder
ins Gemeine gezogen zu werden«.

VERLAG URACHHAUS STUTTGART

ALFRED SCHÜTZE

Mithras-Mysterien und Urchristentum

260 Seiten, 82 Tafeln, davon 15 farbig, 1 Karte, 11 Zeichnungen
und 23 Abbildungen im Text, Leinen

Wesentlich erweitert und mit farbigen Fotos sowie einem aus-
führlichen Anhang ergänzt hat der Verlag Urachhaus sein Stan-
dard-Werk von Alfred Schütze »Mithras-Mysterien und Urchri-
stentum«. Die starken Überarbeitungen lassen den Band fast zu
einer Neuerscheinung werden.
Mit Schützes Band in der Reihe der großformatigen Kunstbild-
bände des Urachhauses liegt eine auch dem heutigen Geschmack
angepaßte Dokumentation und Untersuchung der mithräischen
Zeugnisse und Kultgegenstände vor. Das Buch geht der Entstehung, der Verbreitung und den wesentlichen Mysterien des
Kultes nach und beschreibt, wie der seit dem ersten Jahrhundert
vor der Zeitenwende im Abendland bereits anzutreffende Kult
bei der Ausrottung aller heidnischen Mysterien Ende des vierten
Jahrhunderts nach Christus verschwand. Dabei wird auf die
Wirkung des Mithras-Kultes auf andere zeitgenössische Mysterien und schließlich auch auf das Christentum hingewiesen.«

dpa

»Ein stattlicher Band, den der Verlag Urachhaus mit über hun-
dert, meist wenig bekannten Abbildungen sorgfältig ausgestattet
hat. Schütze fragt im Anschluß an die grundlegenden Forschun-
gen nicht nur nach dem spirituellen Kern des Mithrasglaubens,
sondern mehr noch nach seinem Verhältnis zum Urchristen-
tum. ... Man wird Schütze darin beipflichten, daß Mithras am
ehesten als Präfiguration der Erscheinung Christi zu verstehen
ist. Schütze spricht von Adventsmysterien.« *FAZ*

VERLAG URACHHAUS STUTTGART

ALFRED SCHÜTZE

Die Kategorien des Aristoteles und der Logos

92 Seiten, Leinen

Die Kategorien des Aristoteles haben in die Gestaltung der gesamten abendländischen Kultur hineingewirkt; in welchem Maße sie in die philosophische und sprachliche Entwicklung eingeflossen sind und wie das Christentum seine Gestaltung durch sie im tiefsten erfahren hat, wird in dieser Arbeit klar herausgestellt. Insofern sind die Kategorien, die weithin als Inbegriff der philosophischen Abstraktion gelten, auch ein religiöses Phänomen, das für das Christentum von hohem Interesse sein kann.

»Diese Abhandlung nimmt ein vielerörtertes und in der philosophischen Forschung umstrittenes Thema, nämlich eines der Grundprobleme des abendländischen Denkens, zum Ausgangspunkt mythologischer und theologischer Betrachtungen. Die Kathegorienlehre des Aristoteles ist eine Theorie der logischen und ontologischen Grundbegriffe. Der Verfasser interpretiert sie als Angelpunkt, wo der heidnisch-griechische, präexistierende Logos der antiken Mysterien den christlichen Logos des Erlösers berührt. Um diese These nicht leere Spekulation bleiben zu lassen, versucht der Autor, eine Korrespondenz der zehn Kategorien mit den zehn großen christlichen Festzeiten herzustellen. — Für den im Geiste der aristotelisch-thomistischen Tradition geschulten Denker ist die vorliegende Arbeit ein beachtenswerter Beitrag zum Problem der Integration von griechischem Denken und christlicher Religiosität.« *Die Tat*

VERLAG URACHHAUS STUTTGART